# Inhalt

# Lesenswert

»Wir haben keine Angst!« steht auf Transparenten, mit denen die Menschen nach Terroranschlägen auf die Straße strömen, um plakativ zu verdeutlichen: Wir lassen uns von Gewalt und Terror nicht einschüchtern! Wir wehren uns gegen alle Versuche, unsere freiheitliche Kultur zu zerstören!

Das ist gut gemeint, doch wir fragen uns: Wie kann es gelingen, dass wir uns nicht von unserer Angst dirigieren lassen? Und wie finden wir dorthin, dass wir gemeinsam mit Menschen muslimischen Glaubens unsere demokratische Gesellschaft gestalten und weiterentwickeln? Denn zum einen gefährdet der islamische Fundamentalismus die Grundfesten unserer Demokratie. Und zum anderen bestärkt die Angst vor dem Islam nationale Ideologien, die unsere Gesellschaft ebenfalls bedrohen.

Die derzeit aufgeheizte Situation erschwert es, differenziert über den Islam und dessen problematische Tendenzen zu sprechen. Dennoch: Es gilt, über diese Themen zu reden und zu streiten! Und daher schreiben wir dieses Buch. Denn das Fundament unserer freiheitlichen Gesellschaft ist zerbrechlich. *Religiöse*

Ideologien können als gesellschaftlicher Sprengstoff wirken und dieses Fundament schneller zerstören, als es uns vielleicht bewusst ist. Umso dringlicher gilt es, diese religiösen Strömungen kritisch in den Blick zu nehmen. Und gleichzeitig ist es wichtig, jene Glaubensüberzeugungen darzustellen, die unsere demokratische Tradition stützen, ja sogar mitbegründen.

Der Glaube vermag nämlich das Leben eines Menschen bis in die wirtschaftlichen, sozialen und politischen Haltungen hinein zu prägen. Dies können sich heute viele kaum noch vorstellen. In unserer westlichen Welt hat die Religion derart an Bedeutung verloren, dass man ihr nur (noch) eine geringe Prägekraft zutraut. Nun aber begegnen wir in unserer Gesellschaft immer mehr Menschen, deren Leben zutiefst von ihrem Glauben bestimmt wird: Muslime feiern ihren Fastenmonat Ramadan öffentlich sichtbar. Islamisch begründete Speisevorschriften beeinflussen die Menü-Angebote in Schulen und Kantinen. Eine tolerante Gesellschaft versucht, solchen Traditionen Rechnung zu tragen und sich entsprechend zu organisieren. Zugleich stellt sich die Frage nach den Grenzen: Ab wann widersprechen religiöse Vorschriften unseren Werten und Gewohnheiten? In der Öffentlichkeit heiß und oft oberflächlich diskutiert: das Kopftuch. Nach unserer Überzeugung darf aber nicht nur über diese Art von textilen »Be-Hauptungen« debattiert werden. Vielmehr muss man sich mit den grundlegenden Ideen auseinandersetzen, die *in* den Köpfen herrschen. Es greift zu kurz, nur darüber zu streiten, welche religiösen Ausdrucksformen in unserer Gesellschaft einen Platz haben und welche nicht. Wir müssen gründlicher hinschauen: Welche Bilder von Gott liegen diesen Formen jeweils zugrunde? Denn je nachdem, wie man sich Gott vorstellt, ändert sich auch die Sicht auf den Menschen. Und dies wirkt sich aus, zum Beispiel auf die Rolle der Frau, auf das Verhältnis von Religion und Staat oder auf die Ausübung von Gewalt im Namen Gottes. Das bedeutet: Um dem Fundamentalismus zu begegnen, muss man die Fundamente und Inhalte der Religion kritisch in den Blick nehmen.

Diese inhaltliche Auseinandersetzung muss vor allem auch von religiösen Menschen geführt werden – ähnlich wie nur ein musikalischer Mensch eine qualifizierte Musikkritik leisten kann. Daher sehen wir uns als christliche Autoren in einer Bringschuld gegenüber unserer Gesellschaft, in der sich viele Menschen als »religiös unmusikalisch« verstehen.

Mit Muslimen teilen wir die Erfahrung, dass der Glaube sich nicht auf der Ebene eines Hobbys bewegt, das man ab und zu ausübt. Er hat vielmehr eine lebensbestimmende Kraft. Zugleich nehmen wir zwischen Christentum und Islam Unterschiede und Gegensätze wahr, die es klar zu benennen gilt. Auch für viele Christinnen und Christen dürften solche Hintergrundinformationen von Bedeutung sein. Denn die Begegnung mit Muslimen, etwa in Schule, Beruf oder in der Flüchtlingsarbeit fordert sie heraus. Religiöse Themen, die im Laufe der letzten Jahrzehnte immer mehr ins Private verlagert worden sind, stehen wieder im Raum: »Glaubst du an Gott?« »Wann fastet und wie betet ihr?« »Bringt Religion Frieden – oder stiftet sie zur Gewalt an?« Solchen Anfragen stehen Christen oft hilflos gegenüber. Ihnen fehlen die Worte, wenn sie über religiöse Erfahrungen und Überzeugungen Auskunft geben wollen.

In unserem Buch versuchen wir, die Grundbotschaft des Christentums und dessen Gemeinsamkeiten und Unterschiede zum Islam darzulegen. Dadurch wollen wir *erstens* Christinnen und Christen aller Konfessionen ermöglichen, sich mit ihrem Glauben neu oder intensiver vertraut zu machen und dessen persönliche und gesellschaftliche Bedeutung zu entdecken. *Zweitens* eignet sich das Buch als Hintergrund für den interreligiösen Dialog. Es richtet sich damit auch an Muslimas und Muslime, die sich für den christlichen Glauben interessieren. Und *drittens* wendet sich das Buch an alle, die sich im Blick auf die gegenwärtigen gesellschaftlichen Herausforderungen mit dem Islam und den eigenen geschichtlichen Wurzeln auseinandersetzen wollen.

Zu den Grundlagen Europas gehört das Christentum. Manche mag überraschen, dass unser modernes Weltbild auch auf religiösen, nämlich christlichen Fundamenten aufruht. Die Geschichte zeigt, dass unsere Kultur, dass Baukunst, Musik, Literatur und vieles mehr über Jahrhunderte wesentlich vom Christentum geprägt wurden – ebenso wie unsere Werte und gesellschaftlichen Normen.

Wenn im Folgenden vom »Islam« die Rede ist, dann ist uns bewusst, dass es *den* Islam ebenso wenig gibt wie *das* Christentum. Beide Religionen kennen eine Vielzahl von Richtungen und Interpretationen. Darüber hinaus findet sich in Christentum und Islam ein großer Reichtum an spirituellen und mystischen

Traditionen, welche die Volksfrömmigkeit stark beeinflussen.

Wir beziehen uns in diesem Buch vor allem auf die *Lehren* des Islam, wie sie oft von muslimischen Gesprächspartnern vorgetragen und in zahlreichen Veröffentlichungen dargestellt werden. Wir ziehen dabei insbesondere sunnitische Strömungen in Betracht. Den christlichen Glauben versuchen wir in stetigem Rückbezug auf die Person Jesu auf den Punkt zu bringen. Und schließlich kommen wir in einigen Dialogen als Autoren über unsere persönlichen Glaubenserfahrungen ins Gespräch.

Wir hoffen, dass wir mit unserem Buch einen Beitrag zur Integration von Muslimas und Muslimen leisten. Mit ihren Erfahrungen und ihrer Kultur können sie unsere Gesellschaft bereichern. Zugleich bestehen Spannungen und herrschen Missverständnisse, die nur in der wechselseitigen Begegnung abgebaut und geklärt werden können. Es braucht ein tieferes Verständnis für die jeweils andere Glaubenstradition und Kultur. Und es braucht das klare Benennen von Positionen, die wir nicht aufgeben können, ohne die Fundamente unserer Gesellschaft zu gefährden. Wir sind überzeugt: Wenn Integration gelingen soll, kommt es darauf an, Muslime von innen her für unsere Werte zu gewinnen. Dann können wir gemeinsam unsere demokratische Gesellschaft gestalten und weiterentwickeln.

*Assisi, am Abend der Bundestagswahl 2017*

*Melanie Wolfers*
*Andreas Knapp*

Über den eigenen Glauben Bescheid zu wissen, ist für alle Christen unerlässlich. Heute ist der Islam in Europa eine Wirklichkeit, der wir begegnen.

Ein verständliches Buch über den christlichen Glauben, das mit dieser Begegnung ernst macht, ist dringend notwendig. Andreas Knapp und Melanie Wolfers haben sich dieser Aufgabe gestellt. Sie stellen die Grundzüge des christlichen Glaubens unverkürzt und gut verständlich dar, schlagen Brücken zum muslimischen Glauben und benennen die Unterschiede. Das Buch ist ein wertvoller Begleiter für die am eigenen Glauben Interessierten oder für die, die das Christentum aus einer muslimischen Perspektive kennenlernen wollen.

*Christoph Kardinal Schönborn*
*Erzbischof von Wien*

# 1.
# Ein Mensch namens Jesus

Wer war dieser Jesus, der durch alle Jahrhunderte so viel Zuspruch und Widerspruch gefunden hat? Jesus stammte aus Nazareth, einem Dorf in Galiläa. Das ganze Land Israel stand damals unter römischer Fremdherrschaft. Bevor er mit etwa 30 Jahren ins Licht der Öffentlichkeit trat, verdiente er sich seinen Lebensunterhalt wahrscheinlich als Bauhandwerker.

Als frommer Jude glaubte er an den *einen* Gott, der die Welt erschaffen und dem Menschen den Lebensatem (Gen 2,7) eingehaucht hat. Jesus vertraute darauf, dass jeder Mensch in seiner Tiefe mit Gott verbunden ist. Und er baute darauf, dass dieser menschenfreundliche Gott mit dem Volk Israel einen Freundschaftsbund geschlossen hat.

Gott und sein Volk geben sich aus freiem Willen ein Jawort, das eine gegenseitige Verlässlichkeit und Liebe verspricht. Doch im Lauf seiner Geschichte setzte das Volk Israel oft sein Vertrauen nicht auf Gott, sondern baute auf Macht, Reichtum oder andere Götter. Dennoch blieb Gott seinem Volk treu. Immer wieder mahnte er durch Propheten, auf seine

Güte und Treue zu setzen und sich um Gerechtigkeit und Frieden zu bemühen. Am Ende der Zeiten, so hatten manche Propheten angekündigt, werde der *Gesalbte* (hebräisch für *Messias*) Gottes eine Welt des Friedens aufrichten. Eine Welt, in welcher der Mensch wieder ganz und heil wird.

Die Bibel erzählt, dass Jesus bei seiner Taufe durch Johannes eine tiefe religiöse Erfahrung gemacht hat: Jesus geht auf, wie sehr er angenommen und erwählt ist. (vgl. Mk 1,9-11) Er erfährt sich als geliebten »Sohn Gottes«. Vertrauensvoll nennt er Gott »Abba« (aramäisch für Papa). Mit diesem familiären Wort drückt Jesus aus, wie zärtlich und fürsorgend sich Gott ihm und allen Menschen zuwendet. Und mit diesem Gott weiß sich Jesus in einer besonderen Weise verbunden. Nach seiner Taufe beginnt er eine Botschaft zu verkünden, die alle froh machen will: Gott schenkt jedem Menschen sein Jawort, das schon immer und für immer gilt.

### *Jesus verkündigt eine frohe Botschaft*
### *(= Evangelium)*

Jesus spricht von Gott wie von einer Liebenden, die das Herz des Geliebten sucht. Wie von einer Frau, die alles auf den Kopf stellt, um ein verlorenes Geldstück wiederzufinden. (Lk 15,8 ff.) Er vergleicht Gott mit einem Hirten, der seine ganze Herde zurücklässt, um ein verlorenes Schaf zu suchen. (Lk 15,3 ff.) Oder mit einem Vater, der seinen Sohn voll Freude aufnimmt, obwohl er das ganze Vermögen in der Fremde verprasst hat. Am Ende steht immer ein großes Freudenfest. (Lk 15,11 ff.)

Mit diesen und vielen anderen Bildern erzählt Jesus vom »Reich Gottes«, das für ihn beglückend nahe ist. Dabei greift er auf die Hoffnung der Propheten zurück, dass Gott in der »Fülle der Zeit« die von Gewalt und Ungerechtigkeit geplagte Welt heilen und vollenden wird. Jesus ist davon überzeugt: Jetzt hat diese »erfüllte Zeit« (vgl. Mk 1,15) begonnen. Beseelt von der Beziehung zu seinem »Abba« verbreitet er die schöne Nachricht, dass alle Menschen unendlich geliebt sind.

Was Jesus in der Taufe erfahren hat, gilt für alle: Gott schaut jeden Einzelnen voll Güte an, und zwar vor aller Leistung und trotz aller Schuld. Die Umkehr, zu der Jesus ruft, bedeutet folglich nicht: Ich soll ein anderer oder eine andere werden, sondern: Ich wende mich um und entdecke, dass Gott hinter mir steht. Jesus geht es also vor allem um eine Umkehr der Blickrichtung. Nicht das Tun des Menschen entscheidet über seinen Wert, sondern jede und jeder *ist* immer schon Tochter beziehungsweise Sohn Gottes. Dieses familiäre Bild drückt aus, dass jedem Menschen von Anfang an grundlegend zugesprochen wird: »Ja, es ist gut, dass es dich gibt!«

Glauben heißt, auf diese Zusage zu bauen und entsprechend zu handeln. Je mehr ich mich in dieser Liebe verankere, umso mehr will und kann ich selbst lieben. Das zentrale Gebot Jesu lautet folglich: »Liebe Gott mit ganzem Herzen und liebe deinen Nächsten wie dich selbst.« (vgl. Mk 12,29-31)

Die neue Welt Gottes, die Jesus verkündet, spiegelt sich auch in seinem Leben. Wie die Schneeglöckchen den nahen Frühling ankündigen, so zeigt sich in den Taten Jesu ein erstes Aufblühen der kommenden Welt: Jesus lädt jene zu Tisch, die als Abschaum der Gesellschaft gelten. Er stellt diejenigen in die Mitte, die an den Rand gedrängt oder ausgestoßen waren. Er bringt Frauen und Kindern die gleiche Wertschätzung entgegen wie Männern. Er heilt Kranke, die in der Gesellschaft oft ausgestoßen waren, weil man ihre Krankheit als Strafe Gottes interpretierte. Er nimmt die innere Schönheit jedes Menschen wahr, denn er ist hellsichtig für den Glanz des Göttlichen in ihm. Unerschütterlich glaubt Jesus an das Gute in jedem Menschen. Dadurch können vor allem die Erniedrigten und Verachteten wieder ein Gespür für ihre Würde entwickeln. Und Jesus vergibt Menschen im Namen Gottes ihre Sünden und überwindet dadurch ihre Isolation.

»Sünde« lässt sich als »Absonderung« beschreiben, die uns auf dreifache Weise entfremdet: Sie zerstört die Beziehung zu den Mitmenschen. Sie trennt uns ab von Gott, der Quelle der Liebe. Und sie entfremdet uns von uns selbst. Davon überzeugt, dass die göttliche Liebe keine Grenzen kennt, setzt sich Jesus mit Sündern an einen Tisch und lässt sie so Tischgemeinschaft erfahren. Er durchbricht die Schranken, die im Namen Gottes errichtet worden sind, und lädt alle ein, sich der bedingungslosen Freundschaft Gottes anzuvertrauen.

All sein Reden und Handeln versteht Jesus als Erneuerung des Bundes Gottes mit dem Volk Israel, der nun auf die ganze Welt ausgeweitet wird: Gottes Zuwendung gilt allen und allem, und zwar bedingungslos und für immer.

Eine derart innige Verbundenheit mit Gott geht einigen Frommen damals zu weit. Sie glauben, Gott für sich gepachtet zu haben, und schauen veräcbtlich auf die Sünder herab. Jesu Lehre und Handeln bringt ihn in Konflikt mit den religiösen Führern seines Volkes. Die Freiheit, mit der er das Gesetz interpretiert und im Namen Gottes auftritt, ist ihnen ein Dorn im Auge. Was er »Reich Gottes« nennt, steht im radikalen Gegensatz zur herrschenden Gesellschaftsordnung, in der wenige Privilegierte das Volk ausbeuten und unterdrücken. So wird Jesus Opfer von politischen Machtspielen und religiöser Rechthaberei. Wahrscheinlich im April des Jahres 30 n. Chr. wird er von dem römischen Statthalter Pontius Pilatus zum Tod am Kreuz verurteilt und von Soldaten hingerichtet. Ans Kreuz genagelt, gilt Jesus für seine jüdischen Glaubensgenossen als ein von Gott Verfluchter (Dtn 21,23). Er selbst betet für seine Henker.

Für die Anhänger Jesu ist die Kreuzigung ein Weltuntergang – dabei hatte Jesus doch den Beginn einer neuen Welt angekündigt! Sie hatten in ihm den Messias gesehen, mit dem das Reich Gottes anbricht, und waren ihm begeistert gefolgt. Und nun hängt dieser Jesus als ein von Gott Verdammter entblößt am Kreuz.

Damit ist er vor aller Welt als falscher Messias bloßgestellt. Verstört und enttäuscht machen sich die meisten seiner Anhängerinnen und Anhänger aus dem Staub. Dann muss allerdings etwas passiert sein, was sie aus den Gräbern ihrer Angst und Resignation herausgeholt hat.

### Gott hat Jesus von den Toten auferweckt

Die Jüngerinnen und Jünger, die sich gerade noch entmutigt verkrochen haben, verkünden kurze Zeit später begeistert: »Gott hat Jesus von den Toten auferweckt.« (z. B. 1 Thess 1,10) Jesus ist zu neuem, unbegreiflichem Leben auferstanden und ganz in Gott angekommen. Diese umwerfende Erfahrung steht am Ursprung und in der Mitte des christlichen Glaubens.

Aber was soll man sich unter »Auferstehung« vorstellen? Das Ereignis der Auferstehung bleibt uns grundsätzlich entzogen, denn was jenseits des Todes geschieht, können wir nicht begreifen. Entsprechend bieten die Evangelien auch keine Darstellung im Stil eines Tatsachenberichtes. Was die Anhänger Jesu erfahren haben, wird in Geschichten festgehalten.

Etwa: Jesus tritt in die Mitte seiner Jünger, die sich aus Angst eingeschlossen hatten. Mit dem Wunsch

»Friede sei mit euch!« zeigt er ihnen seine Wunden. (vgl. Joh 20,19-21) Den Jüngern geht auf, dass der am Kreuz Hingerichtete lebt. Und dass er Frieden und Versöhnung weiterschenkt – an sie selbst, die sie ihn in seinen letzten Stunden im Stich gelassen hatten, und an alle Menschen.

Im Licht der Auferstehung erkennen die Jünger Jesu: Wir sind keinem falschen Messias aufgesessen! Indem Gott Jesus von den Toten auferweckt, setzt er vielmehr seine Unterschrift unter dessen Leben und Botschaft: Jesus hat zu Recht im Namen Gottes gehandelt!

Gott selbst beglaubigt ihn als seinen *Messias* (griech. = *Christus*), mit dem die neue Welt Gottes schon begonnen hat. Mit der Auferweckung Jesu unterläuft Gott den Lauf der Welt. Nicht das Unrecht wird siegen, sondern die Gerechtigkeit. Die Mörder werden nicht über ihre Opfer triumphieren. Hass und Tod sind das Vorletzte. Liebe und Leben werden das letzte Wort behalten.

Überwältigt treten die Anhängerinnen und Anhänger Jesu an die Öffentlichkeit. Allen Drohungen zum Trotz reden sie davon, was Jesus und ihnen passiert ist. Unbeirrt treten sie für Jesu Vision von Gottes neuer Welt ein. Sie sind Feuer und Flamme für die

Botschaft von seiner Auferstehung, die es wert ist, in allen Sprachen verkündet zu werden. Alle Menschen sollen erfahren, dass sie eine unverlierbare, eine göttliche Würde haben.

## 2.
# Jesus Christus, der »Sohn Gottes«

## *Durchblick im Rückblick*

Manche Geschichten verstehen wir nur von ihrem Ende her. Krimis zum Beispiel erschließen sich erst durch die unerwartete Auflösung des Falles: Erst jetzt kapiert man den Zusammenhang all dessen, was vorher passiert ist! Ähnlich erging es den Jüngerinnen und Jüngern Jesu. Sie und viele andere stellten sich zu Lebzeiten Jesu die Frage: »Wer ist dieser Mensch?« Denn Jesus war verhaltensauffällig und nahm sich einiges heraus.

So beanspruchte er beispielsweise für sich, religiöse Regeln verändern oder neu interpretieren zu können. Für das Judentum ist das Sabbatgebot sehr wichtig. Jesus übertrat dieses Gebot, wenn es um das Wohl des Menschen ging, und heilte auch am Sabbat die Kranken. Einigen Frommen, die an religiösen Reinheitsvorschriften festklebten, wusch er den Kopf. Das große Selbstbewusstsein, mit dem er dabei auftrat, war für manche skandalös. Denn Jesus nahm damit für sich in Anspruch, im Namen Gottes zu reden und zu handeln.

Ein zweites Beispiel: Mit größter Selbstverständlichkeit vergab Jesus anderen Menschen ihre Sünden. Genau genommen konnte freilich nur Gott Sünden erlassen. Und dies war an bestimmte Riten im Tempel gebunden. Jesus dagegen stellte keine Bedingungen und erwartete keine Vorleistungen. Auch hier beanspruchte Jesus für seine menschenfreundliche Autorität göttliche Vollmacht.

Die religiösen und politischen Führer seiner Zeit sahen in Jesus einen religiösen Hochstapler, einen Gotteslästerer und Aufrührer. Seine Anhänger aber spürten, dass Jesus in seinem Verhältnis zu Gott etwas ganz Besonderes war: Er stand mit Gott, den er »Abba« nannte, auf Du und Du.

Doch erst im Licht der Auferstehung geht den Jüngern wirklich die Tragweite der befreienden Gottesnähe auf, von der Jesus gesprochen und aus der er gelebt hatte. Im Rückblick verstehen sie: Jesus konnte die von Gott trennenden Sünden vergeben, weil seine Zuwendung göttlich war und daher Gemeinschaft mit Gott selbst stiftete. In seiner menschlichen Güte schien die göttliche Barmherzigkeit auf. Jesus brachte nicht nur die Botschaft vom Reich Gottes – *in ihm selbst* war diese neue Welt Gottes schon angebrochen: in seinem Reden und Handeln, in seiner Hingabe und Liebe, in seiner ganzen Person.

In Jesus hat uns Gott sein wahres Gesicht gezeigt: Er ist voller Barmherzigkeit und Liebe. Daher konnten Menschen in der Begegnung mit Jesus das väterliche Antlitz Gottes erahnen und spüren: »Er ist ganz der Vater.« Die ersten Zeugnisse über Jesus fassen diese Erfahrung in einem Bekenntnis zusammen: *Jesus Christus ist der Sohn Gottes.*

Was ist damit gemeint? Wie durch ein neues Schöpfungswort ruft Gott Jesus in der Auferweckung ins Leben. Er schenkt ihm neues Leben. Dies drückt die Bibel in einem Bild aus: Er ist ihm »Vater«. Damit bestätigt sich, worauf Jesus gebaut hatte: dass Gott in besonderer Weise sein »Abba« ist.

Die Rede von Jesus Christus als »Sohn Gottes« darf nicht biologisch aufgefasst werden. Vielmehr will das familiäre Bild von Vater und Sohn eine einzigartige Gottverbundenheit ausdrücken: Zwischen diesen Mann aus Nazareth und Gott passt gleichsam »kein Blatt Papier«. Ihre beidseitige Zugehörigkeit ist – anders als bei uns – durch nichts gestört.

## Ein göttlicher Glanz auf einem menschlichen Gesicht

Eine Verbundenheit mit Gott ist allen Menschen geschenkt. In der Sprache biblischer Dichtung ausgedrückt: Wir sind nach dem Bild Gottes geschaffen. Nach christlicher Überzeugung hat der Mensch als Abbild Gottes Anteil am Original: In jedem Menschen spiegelt sich Göttliches.

Das kann jemandem aufgehen, wenn er sich etwa unsterblich verliebt. Dann fühlt er sich wie im siebten Himmel. Liebe ist einfach überirdisch schön! Sie ist göttlich! Und sie kann nur deshalb im Menschen geweckt werden, weil sie schon in ihm schlummert.

Ein anderes Beispiel: Ich bleibe ehrlich, obwohl es mir zum Nachteil gereicht. Oder ich stehe jemandem treu zur Seite, obwohl ich dafür belächelt werde. In all dem höre ich auf eine innere Stimme, die mich unbedingt einfordert. Ich kann ihr nicht guten Gewissens ausweichen. Der Anspruch des Guten meldet sich in mir zu Wort.

Doch die innere Verbundenheit mit dem Göttlichen in uns ist oft gestört: Durch die Sünde, die Absonderung und Trennung, fällt ein Schatten auf das Ebenbild Gottes. Wenn der Mensch von Angst erfüllt um das eigene Ich kreist oder wenn Gier und Neid seine Beziehungen vergiften, dann lebt er unter seinem Niveau. Er wird sich selbst fremd, und das göttliche Licht in ihm wird verdunkelt.

Durch die Verbundenheit mit seinem »Abba« tritt in Jesus das Göttliche im Menschen klar zutage: Das Licht, das alle Menschen als Funken in sich tragen, kommt in Jesus Christus in die Welt (vgl. Joh 1,9). In ihm verwirklicht sich, wie Gott den Menschen ursprünglich gemeint hat. In ihm zeigt sich die wahre Identität des Menschen: nämlich ganz aus der Liebe zu leben und so ein Mensch für andere zu sein.

Zugleich wird erfahrbar: Wer mit Jesus in Berührung kommt, der bekommt es mit Gott persönlich zu tun. In Jesus Christus wird eine unendliche Güte greifbar und anschaulich. Ja, er verkörpert die göttliche Liebe. Wenn Jesus also von Gott erzählt, so kommen seine Worte nicht vom Hörensagen, sondern aus erster Hand. Wenn Jesus im Namen Gottes tröstet, heilt oder vergibt, so ist das keine Anmaßung, sondern Gott ist wirklich in ihm präsent.

Die frühe Kirche formulierte diese Glaubenserfahrung in einem Bekenntnis: *In Jesus Christus ist Gott Mensch geworden.* In Leben, Tod und Auferstehung des Wanderpredigers aus Nazareth begegnet uns ein göttlicher Glanz auf einem menschlichen Gesicht. *Jesus Christus ist Mensch und Gott zugleich.*

An diesem Punkt jedoch legt der Islam massiven Widerspruch ein.

### Jesus im Koran

Jesus gilt für den Islam als einer der großen Propheten, die Mohammed vorausgingen. Im Koran werden viele Propheten genannt: Adam, Noah, Abraham ... Alle Propheten haben den gleichen Auftrag. Sie sollen die ihnen von Gott mitgeteilte Botschaft getreu und vollständig verkünden: *Es gibt nur einen Gott. Der Mensch soll sich an die »Rechtleitung« (Sure 2:2), die Weisung Gottes halten und dadurch in Gerechtigkeit leben. Am Ende der Zeiten wird Gott die Menschen nach ihren Taten richten.*

Gemäß der Lehre des Koran wurde diese Grundbotschaft Jesus anvertraut. Im Koran wird auch der Glaube überliefert, dass Jesus von der Jungfrau Maria geboren wurde. Er verfügte über wunderbare Eigenschaften und konnte schon als Säugling reden. Jesus ist der einzige Prophet, von dem der Koran über Wunder wie Krankenheilungen und Totenerweckungen berichtet. Und er verkündigte das Gericht Gottes.

Der Islam betont, dass Jesus wie Mohammed ein Gesandter Gottes war. Der christliche Glaube dagegen, dass sich in Jesus Christus Gott selbst zeigt, wird vom Islam leidenschaftlich verurteilt. In den Ohren von Muslimen klingt dies wie eine Gotteslästerung. Denn in Jesus Christus etwas Göttliches anzunehmen, das würde bedeuten: Dem einen und einzigen Gott ein Geschöpf zur Seite zu stellen und *neben* ihm als Gott zu verehren. Gott einen Partner »beigesellen« (z.B. Sure 18:4) ist eine derart schlimme Sünde, dass sie nach islamischer Überzeugung von Gott nicht vergeben wird.

Doch wir fragen uns: Ist die Lehre des Islam dem Christentum an diesem Punkt vielleicht näher, als es auf den ersten Blick den Anschein hat?

### Eine Brücke?

Christen und Muslime stimmen im Glauben überein, dass es nur *einen* Gott gibt. Dieser Gott hat sich dem Menschen aus Barmherzigkeit zugeneigt. Nach islamischer Lehre hat Gott durch Propheten immer wieder sein »göttliches Wort« zum Menschen herabgesandt, zuletzt und in endgültiger Form im Koran. Der Koran sei kein Menschenwort, sondern das ureigene Wort Gottes selbst, das dem Propheten Mohammed Wort für Wort übermittelt wurde. Wäre Mohammed der Autor des Koran, so wäre dieses Buch Menschenwerk. Daher besteht der Islam darauf, dass der Koran ohne menschliche Einwirkung entstanden sei – der Text also nicht von dieser Welt stamme.

Doch damit das göttliche Wort beim Menschen ankommen kann, muss es eine irdische Form annehmen. Das konkrete Buch, Papier und Tinte, die Stimme des Vorlesenden oder Singenden, all das ist materiell, irdisch, geschöpflich. Die Botschaft des Koran jedoch ist nach muslimischer Überzeugung himmlischer Herkunft und der Text identisch mit dem »Mutter-Buch«, das schon immer und ewig bei Gott im Himmel aufbewahrt ist (»die goldenen Tafeln«, »die bei Gott wohl verwahrten Tafeln«, vgl. Sure 85:22). Damit soll ausgedrückt werden: Die Botschaft des Koran stammt von Gott. Der Koran hat seinen Ursprung in Gott und ist daher kein Geschöpf. Er ist *ungeschaffen*.

Fast wortgleich bekennen Christen von Jesus Christus als Sohn Gottes: Er ist gezeugt und *nicht geschaf-*

*fen.* Mit diesem Glaubenssatz wird kein biologisches oder sexuelles Geschehen beschrieben. Vielmehr soll dieses Bild den göttlichen Ursprung Jesu Christi anzeigen: In seiner Person, in seinem Reden und Handeln, begegnet uns nicht nur etwas Menschliches und Irdisches, sondern *zugleich* Gottes Wort und Tat. Der *eine* Gott (also kein zweiter Gott) hat sich in Jesus von Nazareth auf den Weg zu uns Menschen gemacht.

Christen und Muslime teilen den Glauben: Gott ist ganz und gar anders, über alles erhaben und jenseitig. Zwischen Gott und der Welt klafft ein unermesslicher Abgrund. Auch stimmen beide Religionen darin überein, dass Gott die Initiative ergreift. Er überbrückt den unendlichen Abstand zwischen sich und dem Menschen. Das Bild einer Brücke kann hier weiterhelfen: Eine Brücke, die eine Schlucht überspannt, ruht auf beiden Seiten auf. Sie steht sowohl auf dem diesseitigen als auch auf dem jenseitigen Ufer. Aus christlicher wie islamischer Sicht schlägt Gott eine Brücke zum Menschen. Und diese Brücke steht ganz auf dieser Erde *und* ist ganz im Himmlischen verankert.

Aus der Sicht des Islam hat *der Koran* diese Funktion

inne (vereinfacht ausgedrückt: Gott ist Buch geworden). Das Göttliche findet sich also in einem Buch mit seinen Sätzen und Gesetzen, mit seinen Gebeten und Geboten.

Christen dagegen sehen diese Brücke in einem *Menschen,* in Jesus von Nazareth (Gott ist Mensch geworden). Diese *eine* Brücke muss jeweils auf beiden Seiten aufliegen: Wäre der Koran bloß irdisch, dann würden die Muslime in ihm nicht der *Rede Gottes* begegnen, sondern Mohammed hätte sich nur etwas *eingeredet.* Wäre Jesus Christus ein bloßer Mensch, dann würden die Christen in ihm nicht dem *Ebenbild Gottes* begegnen, sondern Jesus hätte sich nur etwas *eingebildet.*

Für die Anhänger Jesu war es sonnenklar: Jesus strahlt eine Liebe aus, die in Gott selbst ihren Ursprung hat. Das Göttliche findet sich nicht im diktierten Wortlaut eines Buches, sondern in der Menschenfreundlichkeit eines Menschen (vgl. Tit 3,4). Im Blick auf Jesus von Nazareth sehen Christen bis heute, wie ein befreites und erfülltes Leben aussehen kann – *und* entdecken darin die Gegenwart Gottes.

Dies gibt dem christlichen Glauben einen handgreif-

lichen Bezugspunkt. Und eine klare Aufgabe, nämlich in der Nachfolge Jesu für Gottes neue Welt – für
eine Welt des Friedens und der Gerechtigkeit – einzutreten. Die göttliche Liebe kann und will sich mitten im Menschlichen verwirklichen. Also auch in
mir.

*Melanie:* Was ist dir an Jesus wichtig?

*Andreas:* Jesus hatte einen ganz besonderen Blick für die Menschen, die von anderen übersehen oder verachtet wurden. Ich arbeite als Seelsorger im Gefängnis und leite dort auch eine Kochgruppe. Als ich neulich mit einer Gruppe von Gefangenen ein schönes Abendessen zubereitet hatte und wir gemeinsam aßen, blieb zufällig ein Stuhl frei. Spontan dachte ich: Das ist der Stuhl, auf dem Jesus jetzt sitzen könnte. Denn es war charakteristisch für ihn, dass er Tischgemeinschaft mit Menschen pflegte, mit denen sonst niemand zu tun haben wollte.

Dieser Gedanke hat mich berührt, und mir ging auf: Wie privilegiert bin ich, dass ich mit Menschen zusammensitzen und essen darf, die mit einer schweren Geschichte belastet sind. Das offene Gespräch bei Tisch und die herzliche Atmosphäre ließen mich spüren, was für Jesus so wichtig war: Wenn ich andere nicht verurteile, dann öffnet sich für uns alle eine neue Zukunft!

*Melanie:* Auch ich erfahre in meiner Arbeit mit jungen Erwachsenen, dass wir freier werden können von dunklen Kapiteln unserer eigenen Geschichte. Vor einigen Jahren begleitete ich eine Frau in einer spirituellen Schweigewoche. Das tägliche Beten mit Szenen aus dem Leben Jesu weckte in ihr die Zuversicht, von Grund auf bejaht zu sein. Diese Erfahrung der Liebe Gottes gab ihr den Mut, erstmalig von Gewalttaten zu erzählen, die sie als Kind erlitten hatte. Sie weinte bitterlich und spürte einen fast bodenlosen Schmerz. Mit diesem Tag begann ein Heilungsprozess. Heute kann sie frei von Verbitterung und Ohnmacht auf ihre Geschichte zurückschauen und spürt eine neue Lebendigkeit und Freude in sich.

*Andreas:* Gibt es eine Stelle im Evangelium, die dir besonders nahe ist?

*Melanie:* Wenn ich die Evangelien lese, fällt mir immer wieder auf: Von Jesus werden zahlreiche Heilungsgeschichten erzählt. Das bedeutet mir sehr viel! Nicht umsonst lebe ich in einer Ordensgemeinschaft, in der Jesus als Salvator, als Arzt und Therapeut im Mittelpunkt steht.

Der Blick auf Jesus will uns sensibel machen für Menschen in Not. Und es ist unglaublich befreiend, wenn wir uns in unserer Gemeinschaft von unserem Glück und unseren Mühen erzählen können. Wenn wir einander unsere Erfolge und unsere wunden Punkte zeigen können.

*Andreas:* Auch für mich ist es wichtig, auf die Person Jesu zu schauen und mich von ihm prägen zu lassen.

Und wenn ich sehe, wie menschenfreundlich Jesus auf andere zuging, dann ändert sich mein Blick auf mich selbst und auf andere. Manchmal kann ich in Beziehungen erleben, wie etwas heiler wird oder Vergebung möglich ist. Wie Vertrauen das Leben reich macht oder eine Gemeinschaft Halt und Geborgenheit schenkt.

Genau darin erahne ich dann auch etwas von Gottes Gegenwart und Wirken.

*Melanie:* Jesus drückt die Beziehung mit Gott mit dem Bild eines »guten Vaters« aus. Aber viele Menschen können mit dieser Vorstellung nichts anfangen oder lehnen es ab, weil das Wort »Vater« schmerzliche Erinnerungen weckt ...

*Andreas:* Im Gefängnis begegnen mir oft Menschen, deren Vaterbeziehung sehr schwierig gewesen ist. Wenn wir im Gottesdienst das Vaterunser beten, lade ich sie ein, sich einen Vater vorzustellen, wie sie sich ihn gewünscht hätten. Dann tauchen spontan Bilder von jemandem auf, der verlässlich und zugewandt ist.

*Melanie:* Diese Idee ist sicher hilfreich. Ebenso halte ich es für wichtig, dass wir nach Bildern für Gott suchen, die weiblich geprägt sind. Die Bibel bietet dafür manche Anhaltspunkte. Oft rege ich Leute an, Vergleiche und Worte zu finden, in denen für sie die biblische Erfahrung zum Ausdruck kommt: Die göttliche Liebe zu uns ist zärtlich und kraftvoll. Sie führt in die Weite und schenkt Geborgenheit. Sie fordert heraus und tröstet.

# 3.
# Bibel und Koran

*Interreligiöser Gottesdienst im Gefängnis von Leipzig. Nichtglaubende, Christen und Muslime haben sich im Andachtsraum versammelt. Nach einem Musikstück wird ein Abschnitt aus dem Markus-Evangelium vorgelesen. Noch bevor der Pastor mit seiner Predigt beginnen kann, meldet sich ein muslimischer Gefangener zu Wort. »Die Bibel ist eine Fälschung«, behauptet er. »Sie ist voller Widersprüche. Das sieht man schon daran, dass es verschiedene Evangelien gibt.«*

### Die Entstehung des Koran nach der islamischen Überlieferung

Für den Islam gilt Mohammed als *der* Prophet, als der absolut zuverlässige und vorbildliche Verkünder der Worte Gottes. Mohammed wurde gemäß muslimischer Überlieferung um 570 n. Chr. in Mekka geboren. Damals herrschte ein Glaube an viele Götter (Polytheismus) vor; durch Juden und Christen, die auf der arabischen Halbinsel ansässig waren, wurde auch der Glaube an den *einen* Gott bekannt.

Seit ca. 610 berichtete Mohammed, der als Kaufmann Karriere gemacht hatte, von Offenbarungen, die ihm von Gott geschickt wurden, um sie den Menschen zu verkünden. Da die Bewohner von Mekka diese Offenbarungen nicht annahmen, wanderte er 622 nach Medina aus. Dort wirkte Mohammed zunächst als Ratgeber und als Friedensstifter zwischen den verfeindeten Stämmen, bald auch als Oberhaupt der islamischen Gemeinschaft *(umma)* und als Kriegsherr. Immer mehr Stämme schlossen sich dem Islam an. 630 eroberte Mohammed seine Heimatstadt Mekka, und bis zu seinem Tod unterwarf er praktisch die gesamte arabische Halbinsel seiner Führung.

Mohammed gilt dem Islam als letzter in einer langen Reihe von Propheten, die den Menschen an seine ursprüngliche Verpflichtung erinnern, Gott allein anzubeten und sich seinem Gesetz zu unterwerfen. Schon der erste Mensch (Adam) war in diesem Sinn ein Prophet, dem Gott sein Gesetz zukommen ließ. Dadurch soll der Mensch eine »Rechtleitung« erhalten, um im Gericht Gottes zu bestehen.

Nach islamischer Lehre war diese ursprüngliche Offenbarung in Buchform auch anderen Propheten diktiert worden. So soll diese Offenbarung in der

Form von Gesetzbüchern etwa an Mose (die Thora auf Hebräisch) und an Jesus (das Evangelium in aramäischer Sprache) übermittelt worden sein. Doch die Originale seien verloren gegangen, und es wären nur verfälschte Kopien erhalten geblieben. Aus diesem Grund betrachtet der Islam die Bibel nicht als gültiges Wort Gottes. Nach muslimischer Überzeugung übermittelte Gott schließlich Mohammed als letztem und wichtigstem Propheten (»Siegel der Propheten«, Sure 33:40) den Koran als das endgültige und abschließende Wort Gottes, das für die ganze Menschheit bestimmt sei.

Der Zeitraum, in dem Mohammed die Worte Gottes verkündete, erstreckt sich über zwei Phasen: Von 610 bis 622 in Mekka und von 622 bis zu seinem Tod im Jahr 632 in Medina. Demgemäß lassen sich zwei Gruppen von Offenbarungen unterscheiden:

• Die Offenbarungen aus der Zeit von Mekka handeln ausschließlich vom Glauben an den *einen* Gott und vom Gericht nach dem Tod. Sie zeichnen sich durch Offenheit und Toleranz aus. Sie spiegeln die Situation des Propheten wider, der – ohne politische Macht – versuchte, die Einwohner von Mekka für die neue Religion zu gewinnen.

- Die Offenbarungen von Medina sind anders geprägt: Mohammed hat inzwischen politische und militärische Macht erlangt; er ist jetzt religiöser Führer und Staatsmann in einem. Dementsprechend finden sich in dieser Phase auch politische Anweisungen und Regelungen etwa für Familienrecht oder Kriegs- und Friedensrecht.

Der Koran als Ganzes ist Gebet- und Gesetzbuch. Er gibt die Richtschnur für religiöse, soziale und moralische Fragen vor. Die Offenbarungen antworten oft auf konkrete Situationen und Anfragen von Menschen, die nach göttlicher Anleitung suchen.

Bei widersprüchlichen Aussagen gilt nach weitverbreiteter islamischer Lehre, dass die »jüngeren« (später geoffenbarten) die »älteren« Sätze verbessern beziehungsweise aufheben. So wurde in einer frühen Offenbarung der Alkohol zu den guten Gaben Gottes gezählt, in einer späteren verboten.

Mohammed gab die Offenbarungen, die er hörte, mündlich weiter. Aufgrund von Streit um die Richtigkeit der Überlieferung wurden die Offenbarungen von den Gefährten Mohammeds später schriftlich festgehalten. Erst Jahrzehnte nach dem Tod des Propheten lagen die Sammlungen in der verbindlichen Form des heutigen Koranbuchs vor. Der Koran besteht aus 114 Suren (Abschnitten), die nicht in ihrer zeitlichen Abfolge, sondern im Wesentlichen der Länge nach geordnet sind, sodass der Koran mit der kürzesten Sure endet. Eine Ausnahme bildet die knappe Eröffnungssure.

Neben dem Koran stellt die *Sunna* (arab. für Brauch) die zweite zentrale Quelle des Islam dar: Die gesammelten Taten, Aussprüche oder Haltungen des Propheten Mohammed *(Hadithe)* sollen den Gläubigen als leuchtendes Beispiel, als »schönes Vorbild« (Sure 33:21) dienen.

Dass Mohammed (arab. für der Gepriesene) der endgültige Überbringer der göttlichen Botschaft war, versuchen Muslime oft mit einem Bezug auf die Bibel zu untermauern: Jesus habe die Ankunft des *periclytos* (griech. für der Gepriesene) angekündigt. Später sei diese Vorhersage falsch weitergegeben worden. Dazu ist zu sagen: In den ältesten Handschriften des Evangeliums steht nicht *periclytos*, sondern *paracletos* (griech. für Verteidiger, der einem vor Gericht beisteht). Jesus hat also nicht das Kommen von Mohammed vorausgesagt, sondern den »Heiligen Geist« versprochen, der die Jünger ermutigen und stärken soll.

Die Tatsache, dass sich im Koran – entsprechend den geschichtlichen Phasen – sehr unterschiedliche Anweisungen finden, hat zu einer vielfältigen Auslegungstradition geführt. Dabei haben muslimische Gelehrte auch versucht, die einzelnen Suren in ihrem geschichtlichen Zusammenhang zu interpretieren. Auf diesem Hintergrund fragten sie danach, was Gott mit diesen Worten wohl gemeint haben könnte. Doch heute erstarken jene Strömungen, die in ihrer Deutung nicht von der mutmaßlichen Absicht der Texte ausgehen. Vielmehr versuchen sie, die gesellschaftlichen Zustände zur Zeit des Propheten Mohammed als unveränderliche Norm festzuschreiben. Eine solche Auslegung macht den Koran zu einem politisch und gesellschaftlich brisanten Sprengstoff!

### Der Koran als »Wort Gottes«

Aus islamischer Sicht wurde Mohammed der Koran – vermittelt über den Engel Gabriel – von Gott wörtlich ins Gedächtnis diktiert. Wie ein Sprachrohr hat Mohammed die Worte eins zu eins weitergegeben, ohne irgendeine Spur seiner Persönlichkeit im Text zu hinterlassen. Der Koran nimmt daher für sich in Anspruch, das letztgültige Wort Gottes zu sein. Dieses liegt in seiner Reinheit und Originalität allein auf Arabisch vor und kann eigentlich nicht übersetzt werden. Manche Gläubige können den gesamten Koran fehlerfrei rezitieren. In der Rezitation und in der Schönheit des Gesangs erleben Muslime die Vergegenwärtigung von Gottes Wort und Willen.

Für den Islam gilt: Der Koran *enthält* nicht, sondern *ist* das ursprüngliche Wort Gottes, das herabgesandt wurde – und zwar bis zum kleinsten Schriftzeichen. Im »ehrwürdigen Koran«, wie er traditionell im Islam genannt wird, zeigt sich Gott dem Menschen buchstäblich: Gott hat dem Menschen sein Wort schriftlich gegeben.

### Die Bibel als »Gotteswort in Menschenwort«

Aus christlicher Sicht ist das Evangelium in erster Linie kein Buch. Vielmehr besteht die »gute Nachricht« (griech. = *Evangelium*) in der Botschaft von Gottes unbegrenzter Güte, die Jesus verkündet und gelebt hat. Diese frohe Botschaft wurde von den Jüngerinnen und Jüngern Jesu mündlich weitererzählt. Mit der Zeit wurden die Glaubenserfahrungen, die Menschen mit Jesus gemacht hatten, in verschiedenen Schriften festgehalten, so auch in den vier Evangeli-

49

en. Jedes Evangelium ist für ein bestimmtes geschichtliches Umfeld geschrieben. Dies erklärt auch, warum es Unterschiede zwischen den Evangelien beziehungsweise innerhalb der gesamten Bibel gibt.

Ein Beispiel kann dies verdeutlichen: Wenn mehrere Augenzeugen den Hergang eines Unfalls schildern, so werden unterschiedliche Sichtweisen ein und desselben Geschehens zusammengetragen. Und je nachdem, für wen die Berichte bestimmt sind – für die Versicherung oder für einen Freund –, werden sie verschieden gefärbt sein. In ähnlicher Weise handelt es sich bei den vier Evangelien um Zeugnisse von Glaubenden, die sich jeweils an eine bestimmte Gemeinde richten. Die Evangelien stellen verschiedene Deutungen dar, in denen die *eine* Person Jesu Christi aus unterschiedlichen Blickwinkeln wahrgenommen und bezeugt wird. Entsprechend betonen die Evangelisten, dass in Jesus Christus wesentlich mehr steckt, als sie schriftlich ausdrücken können.

### Ein unterschiedliches Selbstverständnis von Koran und Bibel

Im Gegensatz zum Koran stellt die Bibel nach christlicher Lehre also keine direkte Offenbarung Gottes dar. Vielmehr sind in der Bibel Zeugnisse von Menschen gesammelt, die von ihren Erfahrungen mit Gott erzählen. Daher handelt es sich bei der Bibel auch um kein einheitliches Buch, sondern um eine Bibliothek. In dieser finden sich Berichte von historischen Ereignissen und deren Deutung, Gebete, Lieder, Briefe und anderes mehr. All diese Schriften müssen daher immer auch in ihrem geschichtlichen Zusammenhang verstanden und für das Heute gedeutet werden.

Während im Islam das von Gott herabgesandte Buch am Anfang steht und die Gemeinschaft der Muslime begründet, ist es im Christentum umgekehrt: Am Anfang steht die Gemeinschaft der an Christus Glaubenden, und von dieser werden die Texte formuliert. In einem langen Prozess verständigte sich die Gemeinschaft der Glaubenden (= die Kirche) schließlich auf eine bestimmte Sammlung von Texten, in denen sie ihren Glauben stimmig überliefert sah. Durch diesen Prozess fand das sogenannte Neue Testament mit seinen vier Evangelien, den Briefen und anderen Schriften seine heutige Form. Zusammen mit der hebräischen Bibel (Altes Testament) wurde es zur Heiligen Schrift der Christen.

Hier zeigt sich ein wichtiger Unterschied: Der Koran gilt für Muslime als das unmittelbare Wort Gottes, das frei von jeder menschlichen Einwirkung entstanden ist. Die Bibel hingegen ist für Christen *Gotteswort in Menschenwort*. Denn es waren Menschen, die ihre Erfahrungen mit Gott in ihrer Sprache weitergaben.

Das Christentum ist keine Buchreligion in dem Sinne, wie es der Islam behauptet. Den zentralen Platz, den im Islam ein Buch (der Koran) einnimmt, hat im Christentum eine Person inne: Jesus Christus. Dem christlichen Glauben geht es folglich nicht primär um das Einhalten von vorgeschriebenen Sätzen oder Gesetzen, sondern um eine persönliche Beziehung. Christen sollen sich durch das Lesen der Evangelien von der Menschenfreundlichkeit Jesu prägen lassen.

# 4.
# Wer ist der Mensch – angesichts Gottes?

*»Wie ich mich richtig entscheide? Ich glaube, dass Gott mir genau vorschreibt, was ich zu tun habe. Es funktioniert wie bei einer eindeutig beschriebenen Wanderroute: An jeder Abbiegung und Kreuzung wird mir genau gesagt, wie es weitergeht. Und wenn ich der Route exakt folge, komme ich sicher ans Ziel.«*
*»Auch ich glaube, dass Gott mir zeigen will, welcher Weg für mich der richtige ist. Aber bei der Suche nach einer guten Entscheidung bin ich selbst gefragt: Ich muss auf mein inneres Gespür hören, auf mein Gewissen. Und gleichzeitig orientiere ich mich am Beispiel Jesu. In seiner Gesinnung wird deutlich, was im Sinne Gottes ist. Was das konkret heißt, muss ich dann selbst erkennen.«*

In zugespitzter Form werden in diesem Gespräch eine Gemeinsamkeit und ein grundlegender Unterschied zwischen dem muslimischen und dem christlichen Glauben ausgedrückt. Das Gemeinsame liegt in dem Versuch der Glaubenden, sich im konkreten

Alltag auf Gott auszurichten und seinem Willen gemäß zu leben. Der Unterschied: Aus muslimischer Sicht tut Gott seinen Willen im Koran unmittelbar kund, und es gilt, seine Weisungen exakt zu befolgen. Christen glauben, dass Gott sich in einer Person, in Jesus Christus, in einmaliger Klarheit gezeigt hat. Im Blick auf Jesus Christus und im Hören auf das eigene Gewissen gilt es, den persönlichen Weg zu finden. Daneben gab und gibt es freilich auch Christen, die die Bibel als eine Art Handbuch ansehen, welches das Richtige klar ansagt.

### Der Mensch als Diener Gottes

Gemäß islamischer Sicht lässt sich aus dem Koran ein Orientierungsplan für das Handeln der Gläubigen ableiten. Der Koran gilt ihnen als Fundament ihres Lebens und als Quelle allen Wissens und aller Weisheit. Seine göttlichen und daher unveränderlichen Anweisungen sollen strikt befolgt werden. Denn durch sein Gesetz schreibt Gott in seiner Barmherzigkeit dem Menschen den »geraden Weg« (Sure 42:52) vor, der ihn zu Gott führt. Beim Jüngsten Gericht wird der Mensch für seine Taten Rechenschaft ablegen müssen. Der versprochene Lohn beziehungsweise die angedrohte Strafe erziehen ihn zum Gehorsam.

Der Glaube an Gott drückt sich also darin aus, dass sich der Mensch getreu an die göttlichen Vorschriften hält, die das religiöse, private und gesellschaftliche Leben regeln. Das Schlüsselwort des Islam lautet »Unterwerfung« oder auch »Hingabe« (arab. = *islam*). Muslime empfinden und sehen sich Gott gegenüber als Diener und Knecht.

Nach islamischer Tradition hat jeder Mensch schon vor seinem irdischen Dasein in einem Ur-Vertrag Gott den Gehorsam geschworen. Jeder Mensch ist also ursprünglich ein »Muslim«, ein Sich-Gott-Ergebender (arab. = *muslim*). Die Bestimmung des Menschen liegt darin, Knecht Gottes zu sein.

Nichts charakterisiert die muslimische Sicht des Menschen so sehr als dessen radikaler Abstand zu Gott. Zwischen Gott und Mensch herrscht eine unüberbrückbare Distanz. Es gibt indessen auch einen Koranvers, der eine intime Nähe Gottes zum Menschen zum Ausdruck bringt: »Wir haben doch den Menschen erschaffen und wissen, was ihm seine Seele einflüstert. Und Wir sind ihm näher als die Halsschlagader.« (Sure 50:16) Damit wird gesagt, dass Gott den Menschen mit all seinen Regungen durchschaut, ihm nahe ist – und sich ihm barmherzig oder strafend zuwenden kann. Umgekehrt freilich bleibt Gott für den Menschen unnahbar und unbegreiflich.

Neben dieser offiziellen Lehre hat sich im Islam auch ein großer Reichtum an mystischen Richtungen entwickelt. In poetischer Schönheit wird die Liebe besungen, durch die sich Gott und Mensch in gegenseitiger Zuwendung begegnen können.

### Der Mensch als Ebenbild Gottes (Gen 1,27)

Auch Christen bekennen, dass Gott als Ursprung des Lebens unendlich erhaben ist. Gleichzeitig weiß der christliche Glaube um eine innige Verbundenheit von Gott und Mensch. Die Bibel bezeugt einen Gott, der ein Herz für den Menschen hat und ihm nahe sein will (Gott *mit* uns). Und der im Herzen des Menschen wohnt (Gott *in* uns). Was meinen diese Bilder? Und wie zeigt sich dies im konkreten Leben?

*Emmanuel: Gott ist mit uns*

»Adam, Mensch, wo bist du?« So lautet die erste Frage, die Gott in der Bibel an den Menschen richtet (vgl. Gen 3,9). Wie ein roter Faden zieht sich durch die ganze Bibel, dass Gott die Nähe jedes Menschen sucht. Gott wirbt um das Innere eines jeden. Er will einen Bund schließen, der auf gegenseitiger Treue und Liebe gründet. Im Glauben kann der Mensch sich als Gegenüber Gottes, als *Bundespartner* erfahren und ist dazu eingeladen, den Bund zu bejahen und Gottes Liebe zu erwidern. Und er erfährt: Auch wenn sich der Mensch immer wieder abwendet, so bleibt Gott unbeirrbar treu.

Diese grenzenlose Zuwendung hat Jesus bei seiner Taufe erfahren. Er taucht ein in den Strom einer überfließenden Liebe, die ihn umströmt und durchdringt (vgl. Mk 1,9-11). Und in seinen Begegnungen lässt er die anderen spüren, dass dieser göttliche Liebesstrom allen gilt: In seinem Handeln verkörpert Jesus, wie zärtlich und fürsorgend Gott jedem nahe ist. Mit immer neuen Bildern erzählt er von einer Liebe, die ohne Bedingung und Berechnung allen geschenkt ist. Jesus lässt vor allem jene Menschen ihre ursprüngliche Würde wieder spüren, die als unrein, ausgestoßen, sündig gelten. Er behandelt sie wie Königskinder, die unendlich wertvoll sind.

Weil eine solch grenzenlose Güte den religiösen und politischen Führern zu weit geht, wird Jesus hingerichtet. Doch durch seine Auferweckung wird Jesus ins Recht gesetzt: Dieser Mann aus Nazareth ist von jeher und für immer *Gottes Sohn*. Und zugleich wird seine frohe Botschaft bestätigt: Alle Menschen sind von jeher und für immer *Töchter und Söhne Gottes*. Dieses Bild will ausdrücken, dass jeder Mensch von Anfang an grenzenlos geliebt ist. Und so wie ein Mensch für immer und unwiderruflich Kind seiner Eltern bleibt, so kann auch die Zuwendung Gottes zu jedem Menschen durch nichts zerstört werden.

Aus christlicher Sicht heißt an Gott glauben, ihm seine grenzenlose Liebe glauben. Das kann konkret bedeuten: Schenke ich der leisen Stimme des Vertrauens Gehör, wenn mich Angst, Wut oder Verzweiflung packen? Habe ich den Mut, dem Leben immer wieder neu die Hand zu reichen – im Vertrauen darauf, dass mich nichts von der göttlichen Liebe trennen kann?

Glauben meint also weniger einen Akt des Gehorsams als vielmehr: Ich wage es, mich auf die Freundschaft Gottes zu verlassen und mein Leben dementsprechend zu gestalten. Das lateinische Wort für »glauben« heißt *credere*. Es leitet sich ab von *cor dare,* das Herz schenken. In der Fähigkeit zur Liebe liegt aus christlicher Sicht das zentrale Kennzeichen des Menschen. Und gerade in dieser Befähigung zu

Freundschaft und Liebe wird der Mensch zum Abbild Gottes.

*Der Heilige Geist: Gott in uns*

Es gibt Momente, in denen uns deutlich wird: Ich lebe nicht nur aus meiner eigenen Kraft, sondern ich schöpfe aus tieferen Quellen. In Augenblicken großer Liebe, in der Fähigkeit, einem Menschen wirklich zu vergeben, oder in der Begeisterung, die mich über mich selbst hinaushebt, leuchtet mir ein: *Wer* ich bin, ist unendlich mehr als all das, *was* ich bin; mehr als das, was ich besitze und kann, was ich fürchte und erleide.

Der christliche Glaube deutet diese Erfahrung so: Jeder Mensch ist von Gottes schöpferischem Geist beseelt. Der göttliche Geist wirkt in uns, wenn wir nach Gerechtigkeit, Freiheit oder Frieden streben. Er befähigt uns, aus uns heraus- und auf andere zuzugehen. Er hat seine Hand im Spiel, wenn wir uns für andere einsetzen, ohne eine Gegenleistung zu erwarten. Allen Menschen ist eine göttliche Innenseite geschenkt: der Heilige Geist (lat. = *spiritus*). Und daher ist jeder Mensch *spirituell* begabt.

Dieses Göttliche im Menschen verleiht jeder und jedem eine unendliche Würde. Daher sollen alle Menschen in ihrer Würde respektiert werden. Das bedeutet auch, dass niemand gezwungen werden darf, gegen sein eigenes Gewissen zu handeln. Denn durch die innere Stimme, die eine Person unbedingt einfordert, meldet sich aus christlicher Sicht der Heilige Geist im Menschen zu Wort.

### Liebe – und tu, was du willst!

Die spirituelle Grunderfahrung Jesu und seiner Jünger war: Wir sind nicht Sklaven Gottes, sondern seine Kinder. Wir sind nicht Knechte, sondern Freunde. Knechte wissen nichts von dem, was ihr Herr im Sinn hat. Aber Jesus betrachtet seine Jünger als Freunde und legt ihnen seine Gesinnung offen. So können sie aus der gleichen Vertrautheit mit Gott leben.

Wie man im Sinne Gottes handeln kann, fasst Jesus in einem Gebot zusammen: Liebe Gott und liebe deinen Nächsten wie dich selbst! Jesus diktiert kein Gesetzbuch und hält keine Moralpredigt, sondern gibt durch seine Persönlichkeit ein Beispiel. Sein Leben steht dafür Modell, wie Menschen den Willen Gottes finden können. Einerseits respektiert Jesus die religiösen Vorschriften und Traditionen. Zugleich aber interpretiert er sie in einer Art und Weise, dass sie dem Wohl des Menschen dienen. Denn der Mensch steht über dem Buchstaben des religiösen Gesetzes. Auch in seiner berühmten Bergpredigt verkündet Jesus keine neuen Vorschriften. Vielmehr lädt er dazu ein: Überlass dich der Dynamik der Liebe und gehe kraft dieser Liebe immer wieder über einen buchstabentreuen Gesetzesgehorsam hinaus. Mit anderen Worten: »Liebe – und tu, was du willst« (Augustinus).

Gehorsam gegenüber Gott meint in christlicher Sicht also kein sklavisches, wortwörtliches Befolgen von Vorschriften. Vielmehr handelt es sich um ein schöpferisches Geschehen: Stehe ich vor einer Entscheidung, geht es darum, dass ich aus den verschiedenen Möglichkeiten die »beste« oder »stimmigste« herausfinde und zu verwirklichen versuche. Dafür ist es wichtig, dass ich sowohl die konkrete Situation in den Blick nehme als auch meine eigenen Möglichkeiten und Ziele. Und dass ich den gesellschaftlichen Rahmen berücksichtige. Im Blick auf die Gesinnung Jesu und im Nachsinnen über die kirchlichen Traditionen und ihre Gebote kann sich mein inneres Gespür schärfen für das, was hier und jetzt *mehr* der

Liebe entspricht. Anders gesagt: Was in dieser konkreten Situation mehr dem Willen Gottes entspricht und dem Menschen gemäß ist. Geht mir dies auf, kann und soll ich mich auf diese innere Stimme, auf mein Gewissen verlassen.

## Der dreifaltige Gott

Für den Islam ist und bleibt Gott für den Menschen unerkennbar und in unendlicher Ferne: »Allahu akbar!« (Gott ist größer). Auch Christen bekennen in gleicher Weise Gott als erhaben und unbegreiflich: Er ist der »Gott über uns«. Gleichzeitig glauben sie daran, dass Gott sich in Jesus Christus menschlich nah gezeigt hat: Er ist der »Gott mit uns«. Und schließlich bauen sie darauf, dass in jedem Menschen ein göttlicher Funke leuchtet: »Gott in uns«.

Angesichts dessen haben viele Muslime den Eindruck, dass die Christen vom Glauben an den *einen* Gott abfallen und stattdessen an mehrere Götter glauben. Doch der Glaube an den dreieinen Gott hat nichts mit drei Göttern zu tun.

Vielleicht kann folgendes Beispiel weiterhelfen: $H_2O$ kann sich als Wasser, als Eis und als Dampf zeigen. Es handelt sich immer um ein und dasselbe Element. In ähnlicher Weise bekennen Christen, dass sich der eine Gott in *dreifaltiger* Weise zeigt.

Die ersten Christen haben erfahren, dass sie dem fernen Gott zugleich nahe sein können: Sie sprechen den einen, verborgenen Gott als Vater an. Sie tun dies im Namen Jesu und folgen seinem Vorbild. Und sie spüren in sich selbst den Geist, der sie zu Töchtern und Söhnen Gottes macht.

Wenn Gott sich dem Menschen derart liebevoll *zeigt,* dann muss er selbst Liebe *sein.* Der wichtigste Satz des Neuen Testamentes, in dem die christliche Glaubenserfahrung gipfelt, lautet daher: »Gott ist die Liebe.« (1 Joh 4,16)

Doch Liebe lässt sich nur schwer in Worte fassen. Einerseits ist Liebe etwas ganz Einfaches. Ich kann einer anderen Person meine Liebe erklären. Aber wenn ich erklären soll, was Liebe ist, dann wird es schwierig. Ähnlich ergeht es den Christen, wenn sie nach Bildern und Worten suchen, um auszudrücken: Gott *ist* die Dynamik der Liebe, die sich in Beziehungen ausdrückt. Daher formulierte die Kirche: Der *eine* Gott ist zugleich »Vater«, »Sohn« und »Heiliger Geist«.

Was ist damit gemeint? Im Neuen Testament finden sich drei Aspekte, in denen sich die *eine* Liebe zeigt: Sie ist der erhabene, geheimnisvolle Gott »über uns«: der *Vater*, dem wir uns verdanken. Sie ist der Gott »mit uns«: der *Sohn*, der in Jesus Christus zu uns gekommen ist und als Bruder uns zur Seite steht. Und sie ist der Gott »in uns«: der *Heilige Geist*, der uns als Kraft der Liebe mit Gott und anderen Menschen verbindet.

Daher sind wir aufgehoben in einem großen Zusammenhang, der alles von innen her trägt. Ein Zusammenhang, der Liebe heißt. Die Bibel beschreibt diese innige Verbundenheit mit Gott in Bildern. Sie spricht von Bund, Freundschaft und sogar der Ehe. Gott freut sich über den Menschen wie ein Bräutigam über die Braut. Ein anderes Bild ist das Festessen, zu dem Gott einlädt: Er freut sich über die Nähe seiner Menschenkinder, so wie Eltern glücklich sind, wenn sie mit ihrer ganzen Familie um einen Tisch sitzen.

Das größte Glück, das Menschen erfahren können, ist das Geschenk, geliebt zu werden und selbst zu lieben. In dieser Befähigung zu Beziehung und Gemeinschaft sieht die Bibel den Menschen als *Ebenbild* der göttlichen Liebe. Aus christlicher Sicht kann daher jeder Mensch darauf bauen: Liebe ist das tiefste Geheimnis meines Lebens und die innerste Mitte von allem. Das Gespür für diese Wirklichkeit vermag in den kleinsten Dingen aufzukeimen: beim Sonnenaufgang, beim Geschenk an einen Freund, beim Meditieren eines Bibeltextes. Christliches Leben besteht darin, dass ich wach werde für dieses verborgene Licht, das durch die Haut der Dinge schimmert. Und dass ich es in mir immer mehr zum Leuchten kommen lasse.

# 5.
# Beten: Wie geht das?

*Frankfurter Hauptbahnhof, um die Mittagszeit. Es herrscht dichtes Gedränge. Viele eilen schnellen Schrittes durch die Halle; andere vertreiben sich mit dem Smartphone die Wartezeit. Ein Bahnmitarbeiter zieht seine gelbe Sicherheitsweste aus, breitet sie in der Nähe eines Geschäftseingangs auf dem Boden aus, kniet sich nieder und betet. Manche Leute schauen neugierig hin, andere etwas peinlich berührt weg.*

### Die fünf Säulen des Islam

Die Worte »Beten« und »Gebet« haben in den westlichen Sprachen und im Arabischen eine unterschiedliche Bedeutung. Muslime denken bei »Gebet« vor allem an das vorgeschriebene, rituelle Gebet *(salat),* das täglich zu bestimmten Zeiten öffentlich vollzogen wird. Dieses Gebet in arabischer Sprache bildet eine der sogenannten fünf Säulen des Islam.

Der Islam kennt fünf göttliche Grundgebote oder Hauptpflichten, die alle erwachsenen Muslime zu erfüllen haben. Die erste Pflicht besteht im islamischen

Glaubensbekenntnis, die zweite im erwähnten rituellen Gebet. Die dritte Pflicht schreibt das Fasten im Monat Ramadan vor: Von der Morgendämmerung bis Sonnenuntergang dürfen weder Essen noch Trinken zu sich genommen werden. Ebenso muss man sich des Rauchens und sexueller Handlungen enthalten. Dadurch zeigen Muslime, dass ihnen der Gehorsam gegenüber den Gesetzen Gottes wichtiger ist als die Befriedigung der eigenen Bedürfnisse. Die vierte Säule besteht darin, Wohltätigkeit zu üben und die Armen innerhalb (!) der islamischen Gemeinschaft zu unterstützen. Darüber hinaus kann diese besondere Steuer *(zakat)* sowohl zur friedlichen als auch zur militärischen Ausbreitung des Islam verwendet werden. Und schließlich, fünftens, soll jeder Muslim einmal im Leben zur Wallfahrt nach Mekka aufbrechen.

Diese fünf Grundpflichten werden als unmittelbarer Ausdruck des göttlichen Willens betrachtet. Indem man sich diesen Geboten unterordnet und genauestens auf deren Einhaltung achtet, erweist man sich als Muslim.

Fünfmal am Tag sind Muslime gehalten, ihr Tun zu genau festgesetzten Zeiten für das *rituelle Gebet* zu unterbrechen. Die Gläubigen müssen dafür keine Moschee aufsuchen, sondern können auch an jedem anderen Ort beten, immer jedoch an einem rituell reinen Platz. Dieser kann durch einen Teppich oder sauberen Stoff markiert werden. Der Betende muss sich nach Mekka ausrichten und das in Worten und Gesten vorgeschriebene Gebet exakt vollziehen. Im Sichniederwerfen auf den Boden kommt die gehorsame Ergebung in den Willen Gottes besonders stark zum Ausdruck. Jeden Freitag findet um die Mittagszeit das gemeinsame feierliche Gebet statt, das allen Männern auferlegt ist.

Im Pflichtgebet als einem »Antreten vor Gott« drücken sich Ehrfurcht und Gehorsam gegenüber Gott aus. Das öffentliche Beten stellt ein eindrucksvolles Zeugnis und weltweit verbindendes Element der muslimischen Gemeinschaft dar.


Noch mehr als die allgemeine Geltung der fünf Säulen durch die Jahrhunderte fällt die Unveränderlichkeit ihrer Vorschriften auf. Diese gelten in ihrer Form als unantastbar – kommen doch diese bis ins Kleinste geregelten Grundpflichten direkt von Gott. Daher können und dürfen sie nicht dem Wandel von Zeit und Ort angepasst werden.

All diese öffentlichen Riten für Beten, Fasten oder Wallfahrt stiften Identität und lassen unter den Muslimen ein starkes Gemeinschaftsgefühl entstehen. Damit geht einher, dass die religiöse Praxis oftmals einer strengen Sozialkontrolle unterworfen wird. Dabei steht es für den Islam außer Frage, dass eine nur äußerliche Einhaltung der Vorschriften vor Gott nicht genügt. Denn Gott schaut immer auf die innere Haltung und Motivation. Allerdings hat Gott nach islamischem Verständnis die Formen vorgeschrieben, in denen sich die innere Einstellung zum Ausdruck bringen soll.

### Jesus, ein betender Mensch

Muslimischen Gläubigen steht bei »Gebet« spontan das rituelle Pflichtgebet vor Augen. Dem auch im Islam gepflegten persönlichen Gebet kommt eine geringere Bedeutung zu. Daher halten viele Muslime die Christen nicht für wirklich religiös, da man sie kaum öffentlich beten – oder auch fasten – sieht. Christen hingegen denken bei »Gebet« eher an das persönliche, private Gebet und nicht in erster Linie an das rituelle, gemeinschaftliche. In vielfältigen Formen wenden sich Christen betend Gott zu: im mündlichen Gebet, in Meditation und Schweigen, in Musik und Bildern. Der Ursprung des christlichen Betens liegt in der Gebetspraxis Jesu und in dem, was er über das Gebet gesagt hat.

Die Evangelien erzählen häufig vom Gebet Jesu. Er liebt es, in der Einsamkeit vor Gott zu sein, besonders vor großen Entscheidungen oder Wendepunkten in seinem Leben: Vor Beginn seines öffentlichen Auftretens etwa zieht er sich in die Wüste zu Gebet und Fasten zurück. Er verbringt ganze Nächte im Gebet, so vor der Wahl der zwölf Jünger. Jesus steht in der Tradition des Judentums: Er nimmt an der Wallfahrt nach Jerusalem teil, geht in die Synagoge und betet Psalmen.

Die Jünger bitten Jesus, dass er sie beten lehren möge – eigentlich eine erstaunliche Bitte, hatten sie doch in ihrer Tradition und in der hebräischen Bibel eine reiche Inspirationsquelle. Und doch, entscheidend für alle Beziehung zu Gott ist die Frage: Wer ist der Gott, zu dem jemand betet? Was die Jünger wohl am meisten am Beten Jesu beeindruckt, ist dessen unbedingtes Vertrauen in seinen »Abba«. In dieser Verbundenheit kann Jesus im Seesturm schlafen, während die Jünger um ihr Leben bangen. Und in einem letzten Akt des Vertrauens überlässt er sich seinem Gott: »Vater, wenn du willst, nimm den Kelch des Leidens von mir! Aber nicht mein, sondern dein Wille soll geschehen.« (vgl. Lk 22,42)

Jesus lehrt die Menschen im Vaterunser so zu beten, wie er es selbst tut: sich in allen Lebenslagen vertrauensvoll an Gott zu wenden. In der Anrede »Abba« erfahren die Jüngerinnen und Jünger Jesu, dass sie Töchter und Söhne Gottes sind. Und wissen sich untereinander als Brüder und Schwestern verbunden.

Jesus kritisiert, wenn Beten zur religiösen Selbstdarstellung missbraucht wird. Wenn es benutzt wird, um bei öffentlichen Auftritten die erste Reihe zu besetzen und als fromm und bedeutend zu gelten. So stellt er die Praxis des öffentlichen Gebetes infrage, wo es zur Schau verkommt oder wo Vorgeschriebenes nachgebetet wird. Ja, Jesus rät zum Gebet im »stillen Kämmerlein«, das kein Mensch sieht und das damit allein auf die Gegenwart Gottes setzt, der auch das Verborgene wahrnimmt (vgl. Mt 6,5-8). Das Gebet unterliegt damit nicht mehr der öffentlichen Kontrolle, sondern wird zu einem Raum, in dem der Mensch auch in seiner Individualität wachsen kann.

Im Blick auf muslimisches und christliches Beten lässt sich zugespitzt formulieren: Der Islam misst der äußeren Form des Gebetes – dem rituellen Pflichtgebet mit seinem exakten Wiederholen vorgegebener Worte und Gesten – die entscheidende Bedeutung zu. In der Nachfolge Jesu betont das Christentum vor allem die innere Ausrichtung des Betens.

### Das persönliche und das gemeinschaftliche Gebet im Christentum

Wie die Muslime unterscheiden auch Christen das persönliche vom liturgischen Gebet mit seinen vorgeschriebenen Ritualen und Texten. Auch das Christentum kennt die öffentliche und soziale Dimension religiöser Handlungen. Zentrale Bedeutung kommt dem Abendmahl (Eucharistiefeier) zu. Dieses entfaltete sich nach Ostern als Erinnerungsfeier an das Abschiedsessen, das Jesus vor seinem Leiden mit seinen Freunden gefeiert hat. Gemeinschaftliches Beten, Fastenbräuche und Feste können einen Halt bieten und den Einzelnen in seinem persönlichen Glaubensleben stützen. Sie stiften Gemeinschaft und legen ein sichtbares Zeugnis für den Glauben ab.

Verschiedene Gründe haben zu einer wachsenden Entfremdung vieler Christen von diesen religiösen Formen geführt. Die Begegnung mit dem Islam kann dazu anregen, sie neu zu beleben.

Im Lauf der Geschichte entwickelten sich verschiedene Gebote etwa im Blick auf den Sonntagsgottesdienst, das Fasten oder Wallfahren. So finden sich je nach Jahrhundert und Kultur unterschiedliche Gepflogenheiten. Es gab Zeiten, in denen die kirchlichen Gebote streng eingefordert wurden, etwa mit Fastenzeiten, Fleischverbot usw. Die Reformation stand äußeren, gesetzlichen Formen sehr kritisch gegenüber. Denn sie vermittelten den Eindruck, man könne oder müsse sich die göttliche Liebe durch das Einhalten von Vorschriften verdienen.

Doch wie die konkreten gottesdienstlichen Regeln auch aussahen und wie streng oder lasch deren Einhaltung eingefordert wurde, grundsätzlich gilt: Anders als im Islam werden die Riten und Gebote im Christentum nicht als von Gott erlassen angesehen. Vielmehr werden sie von der Gemeinschaft der Glaubenden, von der Kirche entwickelt und festgelegt. Daher können und sollen die Gesetze und Formen an neue Zeiten und Orte schöpferisch angepasst werden. Ganz gemäß dem Vorbild Jesu, der betont: »Der Sabbat ist für den Menschen da – und nicht umgekehrt! Der Mensch steht über dem Buchstaben des religiösen Gesetzes.« (vgl. Mk 2,27) Und der es als Perversion kritisiert, Menschen im Namen Gottes zu knechten.

Ähnliches gilt auch für das persönliche Beten: Es geht nicht um das Einhalten bestimmter Gebetsmethoden, sondern darum, sich auf Gott auszurichten und sich ihm anzuvertrauen. Welche konkrete Weise des Betens sich anbietet, hängt von einer Berührung im Augenblick, von der Tagesform, von hilfreichen Gewohnheiten und auch vom Charakter eines Menschen ab. Es gilt, die jeweils passende Gebetsweise zu finden: Eine Form, die einen hier und jetzt Gott begegnen lässt. Und die einen zum Engagement für andere drängt.

*Andreas:* Warum betest du?

*Melanie:* Weil ich mich danach sehne, wach zu werden für die leise Gegenwart Gottes, die mir in allem entgegenkommt. Im Beten öffne ich mich für diese tiefere Dimension des Lebens – um mitten im Alltag mehr aus der Verbundenheit mit Gott zu leben.

*Andreas:* Was meinst du damit?

*Melanie:* Mit einem Bild aus der Technik gesagt: Gott ist immer »online«. Von ihm her ist die Verbindung immer aktiv. Doch ich bin oft »offline«. Im Beten aktiviere ich die Verbindung, bestätige sie. Dann kann mir die verborgene Nähe Gottes aufgehen. So ähnlich wie ich spüren kann, dass mich die Liebe mancher Menschen immer begleitet. Und das erfüllt mich mit großer Freude und Dankbarkeit.

*Andreas:* Und wenn du länger nicht betest, was passiert dann?

*Melanie:* Ich merke, dass mein Vertrauen ins Wanken gerät. Irgendetwas in mir läuft nicht mehr rund. Als ob etwas in mir knirschen oder klemmen würde. Ich bin nicht mehr in mir daheim. Das merke ich vor allem daran, dass ich mich zunehmend getrieben und gedrängt fühle. Und wenn ich längere Zeit nicht bete, dann spürt das auch mein Umfeld.

*Andreas:* Wenn ich bete, dann suche ich nach mei-

nem inneren Ruhepunkt. Das Vielerlei, das mich um-
treibt, wird neu ausgerichtet und geordnet. Beim Beten kann ich mich von dem lösen, woran ich festklebe.
Ich kann aus dem Kreisen um mich selbst ausbre-
chen. Mein Blick weitet sich, wenn ich mir vor Augen
führe, dass Gottes Liebe jedem Menschen gilt. So
hilft mir das Gebet, andere in einem neuen Licht zu
sehen.

*Melanie:* Fällt dir Beten manchmal schwer?

*Andreas:* Und ob! Beten ist oft langweilig. Ich schaue
hin und wieder sogar auf die Uhr. Aber ich versuche
trotzdem zu bleiben. Mir hilft es dann, auf meinen
Atem zu achten. Der Rhythmus des Atems selbst
wird Gebet: Ich atme ein – und aus. Ich nehme an –
und lasse wieder los. Im Hören und Spüren des
Atems nehme ich von Gott mein Leben dankbar
an – und lass es vertrauensvoll wieder los.

*Melanie:* Welche Rolle spielt Jesus in deinem Beten?

*Andreas:* Jesus ist für mich der große Vorbeter, in dessen Haltung und Gottvertrauen ich hineinfinden will.
Gerade das Loslassen fällt mir manchmal schwer,
etwa wenn mich Sorgen oder Kränkungen im Griff
haben. Dann versuche ich, Jesus in den Blick zu nehmen, der sich – mitten in seinen Ängsten und Konflik-
ten – Gott vertrauensvoll überlässt. In meiner Or-

densgemeinschaft beschließen wir den Tag oft mit einem solchen Gebet: »Unser Vater, wir überlassen uns dir.«

*Melanie:* Du sprichst davon, Jesus in den Blick zu nehmen. Wie tust du das?

*Andreas:* Ich beginne den Morgen damit, einen Abschnitt des Evangeliums zu lesen. Mit diesen Worten gehe ich in den Tag. Das öffnet meine Augen für vieles, was mir begegnet. Wenn ich etwa ins Gefängnis gehe, dann sehe ich die Menschen, die ich dort treffe, in einem anderen Licht. Das Gebet kann helfen, auf Dimensionen aufmerksam zu werden, die ich ausgeblendet habe. In den Fürbitten vertraue ich unsere Welt Gott an. Gleichzeitig sensibilisiert mich dieses Gebet für Unrecht, Not und Elend. Und es wird zu einer Art Selbstverpflichtung, an einer besseren Welt mitzuarbeiten.

*Melanie:* Diesen Zusammenhang von Beten und Handeln habe ich bei Menschen erlebt, die für mich ein Vorbild geworden sind: Sie haben betend die Hände gefaltet – und die Ärmel hochgekrempelt, um anzupacken. Beten ist kein Beruhigungsmittel, sondern führt mich zur inneren Quelle, um dann mit neuer Klarheit und Kraft zu handeln.

# 6.
# Kirchliches Leben

Christinnen und Christen bauen darauf: In Jesus Christus zeigt sich die befreiende Zuwendung Gottes zu uns Menschen. Daher bedeutet Christsein im eigentlichen Sinn, dass ich in der Nachfolge Jesu meinen eigenen Lebensweg finde. Je inniger ich Jesus Christus kennen- und lieben lerne, umso mehr wächst die Verbundenheit mit Gott und den Menschen.

Die Zugehörigkeit zu Jesus Christus wird in der *Taufe* besiegelt und gefeiert. In der Taufe wird der Mensch in ein neues Leben mit Gott hineingetaucht. Der Heilige Geist, der immer schon in allen Menschen wirkt, wird in einer neuen und intensiveren Weise gegenwärtig: Im Geist Jesu Christi können wir zu Gott »Abba, guter Vater« sagen und werden hineingenommen in die Gemeinschaft mit Gott.

Bei der Taufe bekennt der Einzelne seinen Glauben. Bei Säuglingstaufen tun dies die Eltern und Paten stellvertretend für das Kind. Hier findet sich ein gravierender Unterschied zum Islam: Wer einen muslimischen Vater hat, ist von Geburt an Muslim beziehungsweise Muslima. Christin beziehungsweise Christ wird man hingegen erst durch den Glauben und durch die Taufe, mit der man in die Kirche als Gemeinschaft der Glaubenden aufgenommen wird. Christsein setzt also ein freies Bekenntnis voraus! In der *Firmung/ Konfirmation* (lat. für Bestärkung) bestätigt die einzelne Person ihren Glauben noch einmal. Sie wird vollwertiges Mitglied der Kirche und durch den Heiligen Geist gestärkt. Denn sie soll nun ihren Glauben als Erwachsene mit ihrem Leben bezeugen.

In der *Feier des Abendmahls/der Eucharistie* wird die Gemeinschaft, die Jesus begründet hat, konkret erfahrbar: Die Glaubenden erinnern sich an das Leben und den Tod Jesu. Sie bekennen seine Auferstehung und werden zu einer Gemeinschaft, die über den Tod hinausreicht. Im Teilen von Brot und Wein wird Jesus selbst als Gastgeber und als Gabe präsent. Damit vergegenwärtigt diese Feier die Ostererfahrung der ersten Jüngerinnen und Jünger: Der am Kreuz ermordete Jesus lebt! Und weil Jesus am ersten Tag der jüdischen Woche (dem Tag nach dem Sabbat/Samstag) vom Tod auferstanden ist, wird an jedem *Sonntag* ein kleines Osterfest gefeiert: Gott hat Jesus neues Leben geschenkt. Er hat Sünde und Tod entmachtet. In Jesus Christus hat Gottes neue Welt unwiderruflich begonnen. Wer aus diesem Vertrauen lebt, für den beginnt dieses neue, dieses *ewige Leben* schon jetzt – in der Hoffnung, dass es sich jenseits der Todesgrenze in Gott vollenden wird.

Christsein heißt, gemeinsam mit anderen in der Nachfolge Jesu das eigene Leben und unsere Welt zu gestalten.

Die Verbundenheit mit Jesus Christus kann und soll sich durch die Feier des *Kirchenjahres* vertiefen. Das Kirchenjahr spiegelt das Leben Jesu, indem es an alle wichtigen Ereignisse erinnert: *Weihnachten* an seine Geburt, gefolgt von seiner *Taufe* bis hin zum Gedenken an Leiden, Tod und Auferstehung *(Passions- und Osterzeit)*. 50 Tage nach Ostern feiern die Christen *Pfingsten:* Vom Heiligen Geist erfüllt brennen die ersten Jüngerinnen und Jünger dafür, die gute Nachricht der Auferstehung in alle Welt zu tragen. Zugleich verbindet der Geist Jesu sie untereinander und mit Gott.

So entsteht die Gemeinschaft der Glaubenden: die Kirche. Die *Kirche* ist also keine menschliche Erfindung, sondern vom Geist Gottes begründet und getragen. Die konkreten Strukturen der Kirche sollen an diese Dimension erinnern, indem etwa die Verantwortung und Leitung *(Weihe/Ordination)* auf die

Praxis der ersten Christengemeinden zurückgeführt wird, die an den Jüngerkreis Jesu anknüpft.

Die Kirche als umfassende Gemeinschaft der Getauften gliedert sich in verschiedene Kirchen und Glaubensgemeinschaften (mit den Hauptgruppen der Christenheit: der römisch-katholischen Kirche, den protestantischen Kirchen und Pfingstkirchen, mit den orientalischen und orthodoxen Kirchen).

Die Beziehung mit Gott vertieft sich durch das gemeinschaftliche und persönliche Gebet. Neben dem Betrachten (Meditieren) der *Bibel* spielen die *Psalmen* für die Christen – wie bereits für Jesus – eine wichtige Rolle. In den Kirchen und Klöstern, aber auch im Privaten dienen sie oft als Grundlage von Morgen- und Abendgebet. Und durch ihre große Vielfalt ermutigen sie dazu, das eigene Leben in seiner ganzen Bandbreite vor Gott zu bringen.

Der Glaube an Gott hat für Christinnen und Christen einen konkreten, geschichtlichen Bezugspunkt: Jesus von Nazareth. In ihm verkörpert sich das befreiende und Beziehung stiftende Handeln Gottes.

Ob sich eine christliche *Gemeinde* am Beispiel Jesu orientiert, wird in ihrem konkreten Handeln sichtbar. Etwa ob sie Menschen aller sozialen Schichten und verschiedenster Herkunft Raum gibt und Fremden Gastfreundschaft gewährt.

Für alle Christen stellt es eine lebenslange Herausforderung dar, eine Haltung der Versöhnung und des Friedens zu entwickeln. In besonderer Weise legt Jesus die Feindesliebe ans Herz. Diese meint die Bereitschaft, auch den persönlichen Gegner als einen Menschen mit einer unverlierbaren Würde zu achten und sich nicht zur Rache hinreißen zu lassen.

Und schließlich sind Christinnen und Christen dazu aufgerufen, ihrer Überzeugung von der Würde aller Menschen gesellschaftlich, wirtschaftlich und politisch Ausdruck zu verleihen. Entsprechend setzen sie sich auf vielfältige Weise für Frieden und Freiheit, für Gerechtigkeit und Versöhnung ein. Auf diese Weise wird die Kirche zu einem Zeichen, dass Gott das Leben und Heil aller Menschen will.

# 7.
# Speisevorschriften und andere Reinheitsgebote

*Ein christlicher Junge, der aus Syrien stammt, wohnt in einer Flüchtlingsunterkunft. Eines Tages sehen einige muslimische Jungs, wie er mit einer Haribo-Tüte in der Hand im Flur steht. Gummibärchen! Das ist verräterisch, denn diese enthalten Schweinegelatine und sind daher haram (= unerlaubt) – im Gegensatz zu halal (= erlaubt). Sie entsprechen nicht den islamischen Speisevorschriften, die zwischen »rein« und »unrein« unterscheiden.*

*Die muslimischen Kinder beschimpfen ihn: »Du isst Schweinefleisch.« Dann bespucken sie ihn: »Du bist unrein!« Der christliche Junge beginnt zu weinen: Warum wird er von den anderen ausgeschlossen und verachtet? Vor allem bleibt ihm unverständlich, warum ihn das Essen von Gummibärchen zu einem schlechten Menschen machen soll.*

Im Islam spielen Reinheitsvorschriften eine große Rolle. Sie werden als göttliche Vorschriften angesehen und sind daher genau einzuhalten. Man muss auf »reinem« Boden beten, was durch einen Gebetsteppich oder auch eine Zeitung gewährleistet werden kann. Vor dem Gebet muss man sich durch eine Waschung reinigen, um vor Gott treten zu können. Unrein wird man beispielsweise durch Berührung mit Blut, Sperma oder Ausscheidungen. Daher darf beispielsweise eine Frau während der Menstruation keine Moschee betreten. Fleisch kann nur gegessen werden, wenn die Tiere rituell geschlachtet wurden; Schweine gelten prinzipiell als unrein. In gleicher Weise ist auch der Alkohol verboten.

Zur Zeit Jesu spielten auch im Judentum Reinheitsgebote eine große Rolle. Jesus war als frommer Jude mit diesen Vorschriften aufgewachsen. Doch dann durchbrach er ein allzu enges Gesetzesverständnis: Gott wird nicht durch die Einhaltung von kultischen Geboten verehrt, sondern durch die Achtung des Mitmenschen, durch Nächstenliebe und Gerechtigkeit. Hier knüpft Jesus an die alttestamentlichen Propheten an. Diese verkündeten einen Gott, der nicht auf äußere Riten und Religiosität, sondern auf das Innere des Menschen schaut.

Ganz auf dieser Linie predigt Jesus. Mit ungewöhnlicher Autorität betont er: Der Mensch wird nicht unrein durch das, was durch das Essen in ihn hineinkommt, sondern durch das Böse, das aus seinem Herzen hervorkommt (vgl. Mt 15,11). Um mit Gott in Beziehung zu treten, muss man sich also um ein »reines Herz« (Mt 5, 8) mühen. Unverstellt und mit Freimut kann der Mensch beten – jederzeit und unmittelbar. Er muss dazu keine besonderen Wallfahrtsorte aufsuchen. Er braucht sich nicht kultisch zu reinigen und darf auch mit ungewaschenen Händen vor Gott treten.

Paulus hatte vor seiner Bekehrung der jüdischen Gruppe der Pharisäer angehört, die besonders streng auf die Einhaltung von religiösen Geboten – wie etwa Reinheitsvorschriften – achtete. In der Begegnung mit dem Auferstandenen geht ihm auf, dass Gott den Menschen von jeher mit seiner ganzen Liebe umfängt. Da fällt es ihm wie Schuppen von den Augen: Gott schenkt dem Menschen sein Heil gratis, aus reiner Gnade. Der Mensch braucht es sich also nicht durch das Einhalten von Gesetzen zu verdienen. Daher untersteht er auch nicht mehr zwanghaft dem Diktat von religiösen Vorschriften: »Durch Christus sind wir frei geworden, damit wir als Befreite leben.« (Gal 5,1)

Gemäß der Lehre Jesu und des frühen Christentums gibt es folglich keine unreinen oder verbotenen

Speisen mehr. Darin drückt sich der Glaube aus, dass Gottes Schöpfung grundsätzlich positiv zu werten ist. Die ganze Welt verdankt sich Gott. Daher kann man Gott auch in allen Dingen finden: Alle Lebensbereiche können im Glauben an Gott gestaltet werden und den Menschen näher zu Gott führen. Die konkreten Spielregeln und Vorschriften unterliegen einer geschichtlichen Entwicklung. Als Richtschnur für diese Gesetze und Regelungen gilt im Christentum die Frage: Dienen diese Gebote der Gerechtigkeit und der Liebe zu Gott, dem Mitmenschen und zu sich selbst?

## 8.
# Sind alle Menschen gleich?

*In seinem berühmten Werk »Animal Farm« erzählt George Orwell von der Revolution auf einem Bauernhof. Die Tiere lehnen sich gegen den tyrannischen Bauern auf. Sie wollen ihm nicht mehr länger dienen und verjagen ihn. Auf einem großen Schild verkünden sie den Grundsatz des neuen Zusammenlebens: »Alle Tiere sind gleich.« Doch schon bald übernehmen die Schweine das Regiment und ergänzen das Grundgesetz mit dem Satz: »… aber manche sind gleicher.«*

### Die Gleichheit der Menschen: nicht selbstverständlich

Ein Blick in Geschichte und Gegenwart zeigt: Die Gleichheit aller Menschen ist kein Naturgesetz. Vielmehr muss ihre Anerkennung dem natürlichen Drang der Menschen nach Macht und Vorherrschaft abgerungen werden. Der Glaube an Gott kann als Grundlage dienen: Wenn sich alle Menschen dem *einen* Gott verdanken, gehören alle zu der *einen* Menschheitsfamilie und sind untereinander gleich.

In diesem Sinne spricht der Islam jedem Menschen die Würde zu, von Gott geschaffen zu sein. Allerdings verwirklicht nur jener die volle Würde seiner Person, der sich dem *einen* Gott unterwirft und der »Rechtleitung Gottes« folgt. Daraus ergibt sich für das Verhältnis der Muslime zu ihren Mitmenschen eine gestufte Ordnung: Auf gleicher Ebene befindet man sich nur mit den muslimischen Glaubensgenossen. Juden und Christen werden als Abweichler vom wahren Glauben betrachtet und sind daher eine Art von Halbgeschwistern. Zuletzt kommen all die anderen, die als Polytheisten oder Ungläubige bezeichnet und als Unwissende oder gar Übeltäter angesehen werden. Diese Rangordnung hat weitreichende Folgen: Das islamische Grundgebot, Wohltätigkeit zu üben, kommt allein Menschen muslimischen Glaubens zugute. Und oft werden in islamischen Staaten die Nichtmuslime als Bürger zweiter Klasse behandelt.

Zugleich gibt es auch andere Formen des Zusammenlebens: Es finden sich neben der Diskriminierung von Nichtmuslimen auch freundschaftliche Beziehungen. Und gerade die humanitäre Zusammenarbeit auf internationaler Ebene überwindet manchmal die Abgrenzungen, die sich aus dem Koran herleiten. Es scheint jedoch noch ein weiter Weg, bis in islamischen Gesellschaften auch Nichtmuslime sowohl vom Gesetz her als auch im Bewusstsein der Muslime als *gleichberechtigte* Bürgerinnen und Bürger anerkannt werden.

Für Jesus legte der Glaube an die göttliche Würde jedes Menschen die Basis für eine grundlegende Gleichheit aller. Was an Jesus faszinierte: Da wendet sich einer in gleicher Weise allen Menschen zu! Durch das »Gleichnis vom barmherzigen Samariter« (Lk 10,25-37) etwa macht Jesus deutlich, dass die Nächstenliebe *universal* gilt und nicht davon abhängig ist, welcher Rasse oder Religion jemand angehört. In der Nachfolge Jesu verstanden die ersten Christinnen und Christen daher nicht nur ihre Glaubensgenossen, sondern alle Menschen als Schwestern und Brüder. Weil die von Jesus als Prüfstein der Gottesliebe gebotene Nächstenliebe keine Grenzen kannte, galten die Fürsorge und der Einsatz für Benachteiligte jedem, unabhängig von seiner Religionszugehörigkeit. Diese vorbehaltlose Solidarität der frühen Kirche war ein geistesgeschichtlicher Durchbruch!

Natürlich wirft dies nur ein Schlaglicht auf eine lange Geschichte. Nicht selten hat die Kirche nur die Getauften anerkannt und Nichtchristen gering geschätzt. Doch dies stand und steht im Widerspruch zu ihrer Gründungsurkunde, zum Neuen Testament. Achtung und Solidarität auf bestimmte Menschengruppen einzuschränken widerspricht der jesuanischen Botschaft!

So kennzeichnet die universale Solidarität bis heute die christlichen Hilfswerke: Caritas und Diakonie funktionieren nicht nach Art des ADAC, der nur seinen Mitgliedern kostenfrei Pannenhilfe leistet. Vielmehr gilt die Hilfe jedem bedürftigen Menschen – unabhängig von seiner Religionszugehörigkeit, einfach weil er Mensch ist. Denn nicht der Christ, sondern der Mensch als solcher ist ein Ebenbild Gottes.

### Und die Frauen?

Das Selbstverständnis von Frauen und Männern unterliegt in unserem westlichen Kulturkreis tiefgreifenden Veränderungen. Klare weibliche oder männliche Rollen lassen sich immer weniger feststellen. Was früher als naturgegeben und damit als unveränderlich angesehen wurde, wird heute in seiner kulturellen Prägung und damit auch als wandelbar erkannt. Frauen ergreifen Männerberufe und gehen in

die Politik. Männer nehmen Elternzeit. Rollen werden austauschbar, und es wächst das Bewusstsein,
dass Frauen und Männern eine grundlegende
Gleichheit zukommt.

In der Öffentlichkeit wird Religion vielfach mit
rückständigen Positionen verbunden, welche die
Gleichberechtigung der Frau verhindern. Und in der
Tat: Oft verstärkten Religionen in der Geschichte
und bis in die Gegenwart hinein klassische, patriarchale (= von männlicher Vorherrschaft geprägte)
Vorstellungen, die zu einer Minderbewertung und
Unterordnung der Frau führen. Ebenso gilt jedoch,
dass beispielsweise die jüdische und die christliche
Religion die angeblich »natürliche« Rolle von Frauen
durchbrachen und zu deren Emanzipation beitru-
gen. Dieser positive Beitrag wird in der Öffentlichkeit und im Christentum selbst oft nicht gesehen.

*Islam*

Der Islam kann darauf verweisen, dass der Koran die
Stellung der Frau verbessert hat: Ihr wird ein gesellschaftlicher Status gewährt, der über das hinausgeht,
was in der vorislamischen arabischen Stammesge-
sellschaft üblich gewesen ist. Allerdings wurde der

Fortschritt von damals »eingefroren«, da ja der Koran als unveränderliches Wort Gottes gilt. So konnte sich die Stellung der Frau in islamischen Gesellschaften bis heute kaum weiterentwickeln.

Im Koran findet sich die Lehre, dass der gläubigen Frau die gleiche Würde zukommt wie dem gläubigen Mann. Dennoch wird bis heute nicht die Konsequenz gezogen, Frauen und Männern in der Praxis die gleiche Stellung einzuräumen oder sie vor dem Gesetz als gleich zu behandeln. Immer noch versuchen einflussreiche islamische Strömungen, die patriarchalen Verhältnisse festzuschreiben, und begründen das mit dem Koran. Auf diese Weise zementieren diese Strömungen die Herrschafts- und Kontrollfunktion des Mannes: Einem Mann wird beispielsweise erlaubt, dass er mit bis zu vier Frauen verheiratet sein kann, und ihm wird das Recht eingeräumt, seine Frau zu schlagen.

Doch die Diskriminierung von Frauen wird heute von manchen muslimischen Gelehrten kritisiert. Sie betonen: Die patriarchalen Strukturen widersprechen der göttlichen Absicht, wie sie sich im Koran findet. Denn die damaligen Regelungen des Koran wollten die Stellung der Frau verbessern, indem etwa die Anzahl der Ehefrauen auf vier begrenzt wurde.

Diese Verbesserungen müssten heute in Richtung einer umfassenden Gleichberechtigung weitergeführt werden.

*Impulse aus dem Christentum*

Frauen und Männer haben die gleiche Würde. Diese Einsicht gehört zu den Erkenntnissen des jüdisch-christlichen Erbes und stellt jegliche patriarchale Gesellschaft von innen her immer wieder infrage. Jesus nimmt das allererste Wort der Bibel über das Verhältnis von Mann und Frau beim Wort: Der Mensch ist als »Ebenbild Gottes« geschaffen – und zwar als Mann und Frau (Gen 1,27). Mit großem Freimut überschreitet Jesus die kulturellen Gepflogenheiten seiner Zeit, wenn er Frauen wie Männer in seinen Freundeskreis ruft. Und obwohl Frauen nach jüdischem Recht nicht zeugnisfähig waren, sind es einige Jüngerinnen, die als erste die Auferstehung Jesu bezeugen. Die Evangelien, die wahrscheinlich von Männern verfasst wurden, berichten einhellig, dass an der Wiege des christlichen Glaubens Frauen stehen. Ihr Zeugnis ist glaubwürdig und gültig. Diese Überzeugung der frühen Kirche kommt einer gesellschaftlichen Revolution gleich!

Der Apostel Paulus, der von einer nicht besonders frauenfreundlichen Kultur geprägt ist, hat eine Vision vom neuen Menschen, der durch Jesus Christus möglich geworden ist: »Durch den Glauben und eure Verbindung mit Christus seid ihr nun alle zu mündigen Söhnen und Töchtern Gottes geworden. Ihr gehört ganz zu Christus, denn in der Taufe seid ihr sein Eigentum geworden. Jetzt ist es nicht mehr wichtig, ob ihr Juden oder Nichtjuden, Sklaven oder Freie, Männer oder Frauen seid. Durch eure Verbindung mit Christus seid ihr neue Menschen geworden; ihr seid in Christus alle eins und vor Gott alle gleich.« (Gal 3,26-28)

In den ersten Jahrhunderten der Kirche wird der Gedanke der gleichen Würde aller Menschen weiter entfaltet. Dass sich das Christentum als neue Religion so schnell ausbreitet, beruht maßgeblich auf seiner Relativierung geschlechtlicher oder sozialer Schranken. Denn die urchristliche Idee der freien Person, die unabhängig von Stand und Geschlecht eine Würde hat, ist radikal neu.

Das haben auch viele Frauen in der Spätantike schnell begriffen. Sie treten zum Christentum über, weil es dort für sie Selbstständigkeit gibt und sie in ihrer Würde anerkannt werden. Im Christentum eröffnen sich Frauen neue Möglichkeiten, ihr Leben selbst zu bestimmen. So zum Beispiel im Lebensentwurf als Ordensfrau: Hier definiert sich eine Frau nicht mehr über ihren Mann oder über ihre Mutterrolle. Sie steht für sich selbst. So kommt es in den christlichen Klöstern zur ersten geschichtlichen Selbstorganisation von Frauen.

Und allen Vorurteilen zum Trotz hat auch das christliche Eheverständnis dazu beigetragen, der Gleichwertigkeit der Frau Geltung zu verschaffen. Denn die kirchliche Lehre setzte ganz konkret und praktisch durch, dass Mann und Frau sich in der Einehe *(Monogamie)* in gleicher Wertigkeit miteinander verbinden: Eins zu eins!

Darüber hinaus lehrt die europäische Rechtsgeschichte, dass der entscheidende Durchbruch zur Gleichberechtigung auf eine kirchliche Forderung zurückgeht: Eine Ehe kommt nach dem Kirchenrecht nur dann zustande, wenn beide Partner dieser Verbindung frei zustimmen. Das bedeutet: Die Frau ist keine Sache mehr, über die ein Kaufvertrag abgeschlossen wird, sondern eine Person, die für sich selbst sprechen kann und soll. Damit stemmt sich die Kirche gegen die in vielen Kulturen gängige Praxis, dass eine Frau vom Vater oder Clan verheiratet wird.

Sie erstreitet für die Frau das Recht, dass nur mit ihrer Zustimmung eine Ehe zustande kommt.

Diese Entwicklungen hatten im Hinblick auf das Rollenverständnis der Frau eine Langzeitwirkung. So konnte sich im christlich-abendländischen Kulturraum eine Bewegung zur Emanzipation der Frau herausbilden. Selbst der gegenwärtige Feminismus verdankt sich auch diesen Wurzeln.

Wie überall, so liegen auch in der christlichen Kirche Großartiges und Armseliges oft eng beieinander. Trotz der neuen Praxis Jesu und der zentralen Aussagen zur gleichen Würde von Männern und Frauen ist das Bild der Frau auch im Neuen Testament und in den darauffolgenden Epochen noch von patriarchalen Vorstellungen geprägt. Geschlechterhierarchien wurden aufgebaut und zementiert. So schlägt sich die christliche Lehre von der gleichen Würde von Mann und Frau auch in kirchlichen Strukturen oft nicht angemessen nieder. Hier berufen sich manche Kirchen auf Traditionen, an die sie sich gebunden fühlen. Es gibt Stimmen, die konkrete Normen aus einer von Männern beherrschten Epoche als unveränderliches Gesetz Gottes verstehen wollen. Dem widerspricht allerdings das christliche Verständnis der Bibel, die kein von Gott diktiertes (Gesetz-)Buch darstellt. Vielmehr bezeugen die Schriften des Neuen Testamentes, dass in Jesus Christus allen Menschen, Mann wie Frau, eine Würde geschenkt ist, die sich auch in Amt und Würden niederschlagen muss.

Gott sei Dank wurde die christliche Grundüberzeugung von der gleichen Würde beider Geschlechter und ihrer Gleichheit vor dem Gesetz vielfach kopiert und fand außerhalb der Kirche reißenden Absatz. Das Christentum könnte ein wenig stolz darauf sein, dass sie diese Bewegung in Richtung größerer Freiheit, Gleichheit und Geschwisterlichkeit mit angestoßen hat. Denn darin verwirklicht sich etwas von der neuen Welt Gottes, für die Jesus eingetreten ist.

# 9.
# Staat und Religion

*15. August, 19.36 Uhr: Ein Kanonenschuss lässt alle aufatmen. Es ist Ramadan, und in Algier kündet allabendlich ein lauter Böller den Augenblick an, in dem die Sonne versinkt. Viele haben diesen Moment erwartet, schon das Glas Wasser oder die Zigarette in der Hand. Der Autoverkehr steht still, und eine ganze Stadt, eine gesamte Gesellschaft folgt der genauen Anweisung zum Fastenbrechen.*

*Selbst manche nichtreligiöse Menschen in Europa sind davon beeindruckt, wie eine Religion das Alltagsleben von Hunderten Millionen Menschen so markant prägen kann. Der Rhythmus von Tag, Monat und Jahr wird durch religiöse Vorgaben geregelt; die Gesetze des Islam durchformen die wirtschaftlichen und politischen Strukturen. Darin drückt sich aus, wie der Glaube an Gott und sein Buch den Alltag, die Arbeit und Feste von Menschen bestimmen und durchwirken kann.*

## Gesellschaft und Religion im Islam

Gemäß islamischer Überlieferung verkündete Mohammed während seiner Wirkungszeit in Mekka die Botschaft vom Glauben an den *einen* Gott. Diese Predigt verknüpfte er mit der Kritik an einer Gesellschaftsordnung, in der die Reichen das Sagen hatten. Dies führte in Mekka zur Verfolgung der kleinen muslimischen Gemeinde. Doch nicht lange nach seiner Ankunft in Medina entstand um Mohammed eine fest strukturierte Gemeinde, die bald ganz Arabien unter ihre Herrschaft brachte. Mohammed wurde zum Anführer der islamischen Gemeinschaft und hatte die Aufgaben des religiösen und gleichzeitig politischen Oberhaupts wie auch eines Heerführers inne. Zur Lebenszeit des Gründers nahm der Islam die Form einer Staatsreligion an.

Den verschiedenen Phasen der Offenbarung entsprechend, finden sich im Koran sehr unterschiedliche Aussagen zur *Freiheit der Glaubensentscheidung*. Heute wird oft die Sure 2:256 zitiert: »Es gibt keinen Zwang in der Religion.« Eine andere Sure bezeichnet die Existenz verschiedener Religionen als von Gott gewollt (4:48), was als Grundlage einer religiösen Toleranz gedeutet werden kann. Aber zugleich fordert der Koran, dass die Polytheisten sich zum Islam bekehren müssen oder zu töten sind. (9:5; 48:16)

Daneben finden sich Suren, in welchen den »Leuten des Buches« (Juden und Christen) der Status von Beschützten *(dhimma)* angeboten wird. Das bedeutet, dass sie ihre Religion behalten können, dafür jedoch eine besondere Steuer bezahlen müssen. Und sie bleiben Bürger zweiter Klasse, das heißt, sie müssen sozial untergeordnet und religiös unauffällig leben. Im Blick auf Muslime verkündet der Koran klar: Wer sich durch einen Übertritt zu einer anderen Religion vom Islam abwendet, wird von Gott zur Hölle verdammt (3,85-90; 4:137; 16:109) und muss nach der traditionellen Auslegung der islamischen Rechtsschulen mit dem Tod bestraft werden. Heutzutage interpretieren viele islamische Staaten das Menschenrecht der Religionsfreiheit dahin gehend, dass Nichtmuslime ihre Religion wechseln dürfen; es sei aber niemandem erlaubt, sich von der wahren Religion, das heißt vom Islam, abzuwenden. In manchen islamischen Staaten droht solchen Personen bis heute die Todesstrafe. Denn eine Entscheidung gegen den Islam hat auch eine staatliche Komponente: Das Verlassen des Islam bedeutet Hochverrat an der muslimischen Gemeinschaft.

Im Koran trifft man auf zwei gegensätzliche Wertungen des *Christentums,* eine positiv und eine feindlich eingestellte: Das eine Mal werden Christen zu der geduldeten Gruppe »der Leute des Buches« gerechnet und gelten als Gläubige. Das andere Mal werden sie als Ungläubige und Polytheisten angesehen. Beide Tendenzen lassen sich – mit den jeweiligen Konsequenzen – durch die ganze Geschichte des Islam verfolgen. So kennt die Geschichte der islamischen Staaten Zeiten, in denen Christen blutig unterdrückt wurden. Es finden sich freilich auch Phasen, in denen man Christen als »Schutzbürgern« unter bestimmten Auflagen (z. B. Steuern) mit einer gewissen Toleranz begegnete.

In muslimisch geprägten Gesellschaften bildet die Religion oft den zentralen Bezugspunkt des individuellen und familiären wie auch des sozialen und politischen Lebens. Aus dem Koran lassen sich Regelungen zu religiösen, sozialen und wirtschaftlichen Angelegenheiten ableiten. In einigen Strömungen wird diesen Gesetzen eine ewige, absolute Gültigkeit zugeschrieben.

Viele muslimische Staaten ordnen ihre Souveränität der Autorität der Religion unter. Das *Staatswesen* wird hier also religiös begründet. Es basiert nicht auf dem Willen des Volkes, sondern auf dem Willen Gottes. Als eigentlicher Gesetzgeber gilt Gott, der im Koran und in den daraus abgeleiteten Vorschriften seinen Willen geoffenbart hat. Die Scharia (= Gesetz) soll *alle Bereiche* des Lebens dieser Offenbarung gemäß gestalten. Die moderne Vorstellung, dass Religion nur *einen* gesellschaftlichen Faktor unter anderen darstellt, ist für viele Muslime schockierend. Denn sie befürchten, dass die Gesellschaft dadurch gottlos würde.

### Wie politisch war Jesus?

Im Neuen Testament findet sich keinerlei Anhaltspunkt für die Idee eines »christlichen Staates«. Jesus unterscheidet zwischen dem, was man dem Kaiser, und dem, was man Gott schuldet. Das bedeutet auch, dass die Rechte der weltlichen Herrscher anzuerkennen sind. Jesus widersteht der teuflischen Versuchung, seine religiöse Sendung durch eine weltliche Herrschaft zu ersetzen (vgl. Mt 4,8 ff.). Im Prozess vor dem römischen Statthalter Pilatus betonte er, dass sein »Reich« nicht von dieser Welt ist. Und die Enttäuschung des Volkes, dass er seine Botschaft nicht mit weltlicher Macht durchsetzt, ist eine der

Ursachen, die ihn ans Kreuz bringen: Jesus ist eher bereit zu sterben, als die Rolle eines politischen Messias zu übernehmen.

Doch seine Botschaft vom Reich Gottes ist alles andere als unpolitisch! Die göttliche neue Weltordnung ist nicht nur ein auf das Jenseits bezogenes Ideal. Jesus kritisiert jegliche Herrschaft, welche die Rechte des Menschen, insbesondere die der Armen verletzt. So provoziert er die Autoritäten seiner Zeit und gerät mit den Mächtigen in Konflikt.

Was Jesus verkündet, lebt er beispielhaft vor: Die Liebe zu Gott erweist sich in der Liebe zum Nächsten. Und dies kann im Extremfall bedeuten, das eigene Leben für den anderen hinzugeben.

In allen Begegnungen wird spürbar, dass Jesus die Freiheit der anderen auf das Höchste respektiert. Die Beziehung zu Gott ist für ihn eine Herzensangelegenheit. Glauben kann und darf nicht erzwungen werden. Jesus gebraucht dafür das Bild der Freundschaft: Freundschaft setzt Freiheit voraus. Eine erzwungene Freundschaft ist keine. Daher lehnt er es ab, seine Botschaft mit Furcht und Zwang auszubreiten. Die Beziehung zu Gott soll »in der Freiheit der Kinder Gottes« gelebt werden und darf nicht äußerer Gewalt unterliegen.

## Kirche und Staat

Die Weise, wie Jesus im Namen Gottes auftrat und seine Gebote interpretierte, provozierte. Aber Jesus ließ sich nicht einschüchtern und ging in großer Freiheit und Treue zu sich selbst seinen Weg. Am Ende lieferten die Hüter der religiösen Tradition Jesus an die Staatsmacht aus und setzten seine Hinrichtung durch.

Die Erfahrung der Jüngerinnen und Jünger, dass der Auferstandene durch den Heiligen Geist in ihnen wirkt und sie neu zusammenführt, wird zur Geburtsstunde der *Kirche*. Dieses Wort leitet sich von *kyriake* ab und bedeutet die Gemeinschaft derjenigen, die zum *kyrios* (griech. für Herr) gehören. Weil Jesus die göttliche Liebe verkörpert, können sie ihn mit dem göttlichen Titel »Herr« anreden. Jesus nachzufolgen bedeutet, für den Geltungsanspruch der Liebe einzutreten – und dies führt in eine kritische Distanz zu den »Herren« dieser Welt.

Die ersten Christinnen und Christen wurden verdächtigt, so wie Jesus die alten Traditionen nicht zu respektieren oder gar die staatliche Ordnung zu gefährden. Viele erlitten das Schicksal Jesu: Sie wurden von religiösen und staatlichen Führern verfolgt und hingerichtet. Dabei blieben sie dem Vorbild Jesu treu, der bis in den Tod der Gewalt entsagte und damit Zeuge (griech. = Märtyrer) der grenzenlosen Liebe Gottes wurde.

In den ersten Jahrhunderten nahm das Christentum eine kritische Distanz zum Staat ein, und die christlichen Gelehrten traten für die Religionsfreiheit ein. Der Begriff »Religionsfreiheit« wurde von dem nordafrikanischen Christen Tertullian (ca. 160– 220) geprägt. Er schrieb: »Es liegt nicht im Wesen der Religion, die Religion zu erzwingen; nicht durch Gewalt, sondern freiwillig muss sie angenommen werden.«

Mit der Bekehrung Kaiser Konstantins zum Christentum und der Verabschiedung des Toleranzedikts im Jahr 313 änderte sich die Lage: Die Zeit der Verfolgung von Christinnen und Christen ging zu Ende. Mit der Anerkennung des Christentums durch den Staat kam es zu einem engen Bündnis zwischen der christlichen Religion und der weltlichen Macht.

In der Folge wurde die Kirche mitverantwortlich für die Verfolgung Andersgläubiger, die als Bedrohung der »christlichen« Staaten gesehen wurden.

Die Verquickung von Religion und Staat löste sich in der Neuzeit immer mehr auf – oft im Widerstand zu den Kirchenfürsten, die Macht und Einfluss nicht verlieren wollten. Das Grundrecht auf Religionsfreiheit, für das die ersten Christen eingetreten waren, wurde von manchen Kirchen lange bestritten. Inzwischen erkennen die Kirchen klar und deutlich dieses Menschenrecht an, in dem sie ein Erbe der eigenen Ursprünge entdecken.

Ebenso treten sie für eine säkular verfasste Staatsgesellschaft ein, die auf der Gleichheit und Freiheit aller aufbaut. Und auch darin geschieht eine Rückbesinnung auf die eigenen Ursprünge, denn die Idee eines säkularen Staates steht nicht im Widerspruch zum Christentum. Im Gegenteil: Die Grundhaltung Jesu und die Erfahrung des frühen Christentums haben geistesgeschichtlich wichtige Impulse für die moderne Trennung von Staat und Kirche gegeben.

Die islamische Kritik, dass die Religion dann in eine Sonderwelt verbannt würde und dass Christen ihr religiöses Leben auf das »Innerliche« und Private beschränkten, ist durchaus ernst zu nehmen. Es gab und gibt Strömungen im Christentum, die zur Weltflucht neigen. Doch der Glaube an Jesus Christus meint immer auch, sich an seinem Einsatz für diese Welt zu orientieren. An Gott glauben und sich für Frieden, Gerechtigkeit und Bewahrung der Schöpfung zu engagieren, sind zwei Haltungen, die Hand in Hand gehen.

## 10.
# Führen Religionen zur Gewalt?

*Evangelischer Kirchentag, 24. September 1983. Im Lutherhof von Wittenberg wird in einem Feuer ein Eisen zum Glühen gebracht: Es ist ein Schwert, das dann zu einer Pflugschar umgeschmiedet wird. Diese Aktion, die von den DDR-Behörden missbilligt wurde, berief sich auf ein prophetisches Bild der Bibel: »Am Ende der Zeit wird der Berg, auf dem der Tempel des HERRN steht, alle anderen Berge und Hügel weit überragen. Menschen aller Nationen strömen dann herbei. Viele Völker ziehen los und rufen einander zu: ›Kommt, wir wollen auf den Berg des HERRN steigen …‹ Dann schmieden sie ihre Schwerter zu Pflugscharen um und ihre Speere zu Winzermessern. Kein Volk wird mehr das andere angreifen; niemand lernt mehr, Krieg zu führen.« (Mi 4,1-3)*

### Die Gewaltlosigkeit Jesu

Für Jesus war die vom Propheten Micha angekündigte Friedenszeit bereits angebrochen. Darum lehnte er es ab, Gewalt anzuwenden. Ein Beispiel: Jesus ist im Ausland unterwegs und lässt in einem Dorf um Gastfreundschaft nachfragen. Doch die Leute lassen die Jünger Jesu abblitzen. Vor lauter Wut wollen diese Feuer vom Himmel fallen lassen. Jesus freilich weist jeden Rachegedanken entschieden zurück (vgl. Lk 9,51-56).

Ohne Zweifel stellt Jesus hohe Ansprüche. Seine Bergpredigt gipfelt in den sogenannten »Seligpreisungen« und in der Aufforderung zur Feindesliebe:

»Glücklich zu preisen sind, die erkennen, wie arm sie vor Gott sind, denn sie werden mit Gott leben in seiner neuen Welt.

Glücklich zu preisen sind, die unter dieser heillosen Welt leiden, denn Gott wird alles Leid von ihnen nehmen.

Glücklich zu preisen sind, die keine Gewalt anwenden, denn ihnen wird die Zukunft gehören in Gottes neuer Welt.« (Mt 5,3-5)

Bisher hieß es: »Auge um Auge, Zahn um Zahn!‹ Ich aber sage euch: Wenn man euch Böses antut, dann vergeltet nicht Gleiches mit Gleichem! Verzichtet überhaupt auf Vergeltung und Rache und gebt so dem Bösen nicht noch mehr Raum! Im Gegenteil: Wenn dich jemand auf die rechte Wange schlägt, dann halte ihm auch noch die linke hin! … Es heißt bei euch: ›Liebt eure Freunde und hasst eure Feinde!‹ Ich aber sage euch: Liebt auch eure Feinde und betet für alle, die euch verfolgen!« (Mt 5,38 f., 43 f.)

Was Jesus hier verlangt, klingt verrückt. Jedoch allein durch diese »Verrückung«, das Verschieben der geltenden Maßstäbe kann das Schema von Gewalt und Gegengewalt überwunden werden.

Sich von alten Abhängigkeiten zu lösen fällt ungeheuer schwer. Oft läuft der Mensch in die Falle der Wiederholungsmuster: Die Mutter lehnt ihre Tochter ab und vernachlässigt sie – und diese wiederholt das Schema ihrer eigenen Tochter gegenüber. Manchmal findet sich darin auch eine unbewusste Rache. Opfer werden zu Tätern, sodass die Kette der Gewalt nicht abreißt. Das Böse funktioniert wie ein Teufelskreis, aus dem es keinen Ausweg gibt.

Hier wird deutlich, dass der Mensch sich nicht nur mit seiner persönlichen Sünde belastet. Er ist zugleich in ein dunkles Netzwerk verstrickt, das im Christentum als »Erbschuld« bezeichnet wird: Es gibt ungerechte Strukturen, in welche Menschen hineingeboren werden. Die tödliche Spirale von Gewalt und Rache setzt sich fort, von Generation zu Generation. Aber auch im Herzen des Menschen finden sich zwanghafte Neigungen zum Bösen, wie etwa

Neid, Gier und Hass. Der Mensch vermag sich von diesen zerstörerischen Mächten nicht allein aus eigener Kraft zu befreien. Er kann sich nicht am eigenen Schopf aus dem Sumpf herausziehen, sondern braucht eine Hand, die ihm dabei hilft.

Die Christen glauben, dass Gott dem Menschen die Hand entgegenstreckt, um ihn aus dieser Knechtschaft zu erlösen. Das Wort »erlösen« meint ursprünglich: aus der Sklaverei freikaufen. Indem Gott in Jesus Christus sich selbst in diesen Zusammenhang von Unheil und Gewalt hineinbegeben hat, schafft er einen Ausweg: Jesus geht den Weg der Gewaltfreiheit und Vergebung bis zuletzt und bahnt damit für alle Menschen einen Zugang zu einem neuen, erlösten Leben.

Jesu tiefe Verbundenheit mit Gott und sein Glaube an das Gute erweisen sich als unerschütterlich. Als er selbst verhaftet wird, lässt er sich nicht zur Gegengewalt provozieren. Er wird unschuldig angeklagt und verurteilt, ohne sich dadurch in den Strudel von Bitterkeit oder Rache hineinziehen zu lassen. Auch als Hass ihn umflutet, bleibt Jesus der Liebe treu. Und er geht diesen Weg bis zur letzten Konsequenz, bis zum Tod am Kreuz.

Nach römischem Recht durften nur Ausländer und Sklaven zu diesem qualvollen Tod verurteilt werden. Für seine jüdischen Glaubensgenossen galt er als von Gott verflucht. Doch er erträgt alles und verflucht weder Gott noch die Folterknechte. Im Gegenteil, er betet für die, die ihn verfolgen: »Vater, vergib ihnen, denn sie wissen nicht, was sie tun« (Lk 23,34). Indem Jesus Böses mit Gutem vergilt, unterbricht er die Endlosschleife von Gewalt und Gegengewalt. Der Zwang, gemäß dem vergossenes Blut nach Rache schreit, läuft ins Leere. Die ewige Weitergabe von Gewalt (Auge um Auge, Zahn um Zahn) findet ein Ende.

In der Auferweckung Jesu »beglaubigt« Gott diesen Weg der Gewaltlosigkeit. Er bestätigt, dass allein Vergebung und Liebe in der Lage sind, Hass und Gewalt zu überwinden. In den Ostererzählungen verkörpert der Auferstandene Versöhnung und Frieden. Er zeigt den Jüngern seine Kreuzeswunden und sagt: »Friede sei mit euch!« (Joh 20,19). So bekennen Christinnen und Christen: Mit der Auferstehung Jesu ist der Mensch aus der Verstrickung des Bösen erlöst. Er kann mit gutem Grund an den Sieg des Guten glauben und versuchen, es mit allen Kräften zu verwirklichen.

## Gewalt und Gewaltlosigkeit in der Geschichte der Kirche

Die Aufforderung Jesu, die Feinde zu lieben und für sie zu beten, hat die Weltgeschichte verändert. Sie wurde von zahllosen Christen gelebt, und viele sind als *Märtyrer* gestorben, um den Glauben an einen Gott der Liebe *gewaltfrei* zu bezeugen. In den ersten drei Jahrhunderten des Christentums wurde die Ablehnung von Zwang und Gewalt sehr klar zum Ausdruck gebracht. In dieser Zeit plädierte die Kirche prinzipiell für Gewaltfreiheit und Toleranz. Es war undenkbar, dass Christen als Soldaten dienen: Denn das Töten eines anderen Menschen widerspricht der Lehre Jesu, die Feinde zu lieben.

Mit der Anerkennung des Christentums als *Staatsreligion* durch das Römische Reich wird es dann allerdings zur Christenpflicht, den Staat mit Waffengewalt zu verteidigen. Aufgrund der Einheit von christlicher Kirche und Staat galten diejenigen, die vom christlichen Glauben abwichen, auch als Staatsfeinde, weil sie ja die staatstragende religiöse Einheit gefährdeten: Wer den Glauben verrät, ist automatisch auch ein Vaterlandsverräter.

Die in der frühen Kirche in Treue zur Lehre Jesu

geforderte Toleranz geriet immer mehr in Vergessenheit, und es kam auch zur Verfolgung von Anhängern anderer Religionen (Juden, Heiden). Der Kirchenlehrer Augustinus (354–430) hielt noch daran fest, dass man niemanden mit Gewalt zum Christentum bekehren darf. Im Mittelalter jedoch wurden Kriege dann auch in missionarischer Absicht geführt, wie etwa die Sachsenkriege unter Karl dem Großen, was freilich von den Bischöfen offiziell verurteilt wurde.

Ab dem Ende des 11. Jahrhunderts kam es zu den *Kreuzzügen*. Sie sollten dem Oströmischen Reich zu Hilfe kommen, das durch muslimische Angriffskriege bedroht wurde. Außerdem sollten die Wallfahrtswege ins Heilige Land gesichert werden. Es darf auch nicht vergessen werden, dass dieses Gebiet über Jahrhunderte christlich gewesen ist – bis es dann von den muslimischen Arabern mit Gewalt erobert worden war. Die Kreuzzüge wurden also nicht in missionarischer Absicht geführt, sondern es ging um die Rückeroberung des Heiligen Landes und um die Sicherheit für die Pilger.

Dennoch müssen die Kreuzzüge als Verrat an der Botschaft Jesu gebrandmarkt werden: Denn der gewaltfreie Tod Jesu am Kreuz verbietet es, im Zeichen des Kreuzes Gewalt auszuüben und religiösen Fanatismus zu rechtfertigen. Dazu kommt, dass im Umfeld der Kreuzzüge Juden verfolgt und regelrechte Kriegszüge gegen Abweichler geführt wurden.

So wurde im Lauf der Kirchengeschichte – von den Kreuzzügen bis zu den Konfessionskriegen – die Botschaft Jesu von der Gewaltlosigkeit oft verraten. Doch zugleich konnte das Vorbild Jesu nie ganz vergessen werden: Selbst zur Zeit der Kreuzzüge traten namhafte Christen auf, die gegen einen Krieg im Namen des Kreuzes protestierten. Einer von ihnen war *Franz von Assisi,* der unbewaffnet ins Lager des muslimischen Sultans ging, um Frieden zu stiften. Die Botschaft und das Vorbild Jesu bleiben Verpflichtung: Im Namen Gottes darf keine Gewalt angewendet werden!

### Krieg und Frieden im Islam

Im Koran finden sich sowohl Verse, die zum Frieden auffordern (49:9), als auch Passagen, die Gewalt rechtfertigen (2:191). Die eher toleranzfreudigen Korantexte, die zu einem friedfertigen Verhalten einladen, stammen aus der Frühzeit des Islam in Mekka. Damals bemühte sich Mohammed, die Einwohner der Stadt für die neue Religion zu gewinnen.

Die später offenbarten Suren in Medina schlagen einen aggressiveren Ton an. Sie spiegeln die Situation Mohammeds wider, der jetzt religiöser Führer, Staatsmann und Heerführer in einem war. Das hatte zur Folge, dass er die Opposition ausschaltete – gewöhnlich durch Mordanschläge oder Hinrichtungen. Diejenigen seiner Gegner, die den Islam annahmen, wurden verschont. Nach und nach vertrieb Mohammed die in Medina ansässigen jüdischen Stämme, die sich ihm widersetzten, und ließ sie teilweise in die Sklaverei verkaufen oder hinrichten. Andere jüdische Gemeinden wurden als »Schutzbefohlene« der islamischen Gemeinschaft eingegliedert. Auch kämpfte Mohammed in dieser Zeit gegen die heidnischen Einwohner von Mekka, die ihn und seine Anhänger vertrieben hatten, und eroberte schließlich seine Heimatstadt.

Der Einsatz für Gott wird *Dschihad* genannt, wörtlich übersetzt: »Anstrengung« oder »Bemühung«. Neben dem persönlichen religiösen Bemühen im Alltag und der Verkündigung des Islam bedeutet Dschihad auch die kriegerische Auseinandersetzung. In mehr als achtzig Prozent der Fundstellen heißt Dschihad im Koran »einen Krieg um des Glaubens willen führen«.

Nach dem Tod Mohammeds wurde der religiöse Kriegsgedanke, der zunächst in einer bedrängten Situation eine zentrale Rolle gespielt hatte, zunehmend offensiv gedeutet. Der Dschihad wurde jetzt sogar zu einem höchst geachteten religiösen Werk. Islamische Herrscher nutzten den bewaffneten Kampf, um ihr Herrschaftsgebiet in großem Maßstab auszuweiten. Zunächst ging es darum, die jeweilige Bevölkerung der politischen Herrschaft des Islam zu unterwerfen. Deren religiöse Islamisierung erfolgte dann schrittweise und wurde vor allem durch die soziale Benachteiligung der Nichtmuslime vorangetrieben.

Nachdem die islamische Herrschaft über den Nahen Osten und den südlichen Mittelmeerraum durch Eroberungskriege gesichert war, wurde der Dschihad verstärkt spirituell verstanden. Insbesondere die Mystiker unterschieden zwischen dem »großen Dschihad« (die Mühe um ein religiös einwandfreies Leben) und dem »kleinen Dschihad« (der bewaffnete Krieg). Doch diese Unterscheidung wurde nicht als Kritik am bewaffneten Dschihad verstanden. In der Geschichte des Islam tauchten immer wieder Gelehrte auf, die an die Pflicht zum kriegerischen Dschihad erinnerten: Wenn Nachbarvölker sich der »Einladung« verweigern, den Islam anzunehmen, so gilt dies als Kriegsgrund. Der Dschihad soll dem Islam im Gebiet der Nichtmuslime zum Sieg verhelfen, denn aus muslimischer Sicht ist der Islam der einzig wahre Weg, das Heil zu erlangen.

Heute betonen viele Muslime, dass der Islam den Frieden (arab. = *salam*) will. Für manche einflussreiche Strömungen ist dieser Friedenszustand allerdings erst erreicht, wenn die ganze Welt dem Islam unterworfen ist. Ebenso bleibt problematisch, dass der Koran im Blick auf die Gewaltfrage sehr unterschiedliche und gegensätzliche Haltungen vertritt: Je nach Lesart kann er zur Rechtfertigung von Friedfertigkeit oder Aggression herangezogen werden. Hinzu kommt, dass bei widersprüchlichen Aussagen nach weitverbreiteter Lehre gilt, dass die später geoffenbarten die früheren Sätze verbessern beziehungsweise aufheben.

Gemäß dieser Auslegung kommt also den von Offenheit und Toleranz geprägten Suren aus der Zeit in Mekka weniger Geltung zu als den Offenbarungen in Medina, die Gewalt und Krieg rechtfertigen. Und schließlich: Man kann sich mit Berufung auf das Vorbild des Propheten Mohammed sowohl für Toleranz als auch für Zwang und Gewalt entscheiden!

In Geschichte und Gegenwart lässt sich beobachten, dass Religionen Gewalt verhindern oder mäßigen, dass sie aber auch Gewalt und Kriege mitverursachen. Dabei stellt Religion in der Regel nur *einen* Faktor unter vielen dar. Meist bilden soziale Umstände wie Verelendung oder Unterdrückung den Hintergrund, auf dem Gewalttaten entstehen. Diese werden dann durch Religion ideologisch aufgeladen und gerechtfertigt. Sowohl die Bibel als auch der Koran spiegeln die menschliche Neigung zur Aggression wider. Und daher können ihre Texte auch zum ideologischen Sprengstoff werden, um Hass zu schüren.

Allerdings: Auf Jesus und sein Evangelium kann man sich nicht berufen, um Gewalt zu rechtfertigen. Zu eindeutig ist die Botschaft seines Lebens: »Liebt eure Feinde und tut denen Gutes, die euch hassen. Segnet die Menschen, die euch Böses wünschen, und betet für alle, die euch beleidigen.« (Lk 6,27 f.) Wer sich davon prägen lässt, kann an einer menschlicheren Welt mitwirken. Das Symbol des Schwertes, das zur Pflugschar umgeschmiedet wird, hat bei der friedlichen Revolution 1989 eine zentrale Rolle gespielt. Und angesichts der politischen Weltsituation ist der Aufruf Jesu zur Gewaltlosigkeit für das Leben und Überleben der Menschheit von größter Bedeutung.

*Andreas:* Welche Bedeutung hat für dich die Haltung der Gewaltfreiheit?

*Melanie:* In meinem Alltag kann Gewaltfreiheit konkret heißen: Ich merke in einer Diskussion, dass ich unbedingt das letzte Wort behalten möchte – und verzichte dann ganz bewusst darauf. Weil es mir wichtiger ist, dass wir unsere gegensätzlichen Standpunkte akzeptieren und uns auch mit unseren Unterschieden respektieren.

*Andreas:* Und wenn du den Eindruck hast, dass man dir unrecht tut?

*Melanie:* Dann steigen erst einmal Ärger und Wut in mir auf. Und das ist völlig normal! Denn diese Gefühle zeigen mir, dass die andere Person eine Grenze überschritten und mich verletzt hat. Oder dass ich mich nicht genügend geschützt habe. Manchmal male ich mir auch aus, wie ich es der anderen Person – und sei es auch nur durch eine spitze Bemerkung – heimzahle. An diesem Punkt stehe ich dann vor einer Entscheidung: Steige ich ein in das fatale Pingpongspiel »Wie du mir, so ich dir!«, oder versuche ich, anders zu reagieren, indem ich das, was mir passiert ist, nicht zum Maßstab meines Handelns mache.

*Andreas:* Was hilft dir dabei?

*Melanie:* Zunächst brauche ich Abstand. Oft gehe ich erst einmal in die Natur hinaus. Mit der Zeit kann ich mich dann Schritt für Schritt fragen: Warum hat der andere sich so verletzend verhalten? Wo liegt meine Mitverantwortung? Und: Wie will ich auf diese Situation reagieren? An welchen Werten will ich mich orientieren? Auch das Gebet spielt hier für mich eine Rolle. All das hilft mir, meine bedrängenden Gefühle oder Rachefantasien langsam loszulassen.

*Andreas:* Ich kenne Ähnliches. Aus dem Abstand heraus relativiert sich manches. Und wenn ich dann überlege, welche Bedeutung diese Situation im Blick auf das Ganze meines Lebens hat, dann ordnet sich manches neu ... Ich habe den Eindruck, dass es einen langen Weg braucht, um in die Haltung der Gewaltfreiheit hinzufinden. Eine Art von Bekehrung, nämlich: freier zu werden von der Angst um mich selbst – in der Hoffnung, dass Gott um mich weiß und mich hält.

*Melanie:* Hier kommt mir Jesus in den Sinn: Er war ein durch und durch freier Mensch! Denn sein Lebensgefühl war davon geprägt, unendlich geliebt zu sein. Darum musste er nicht zwanghaft um Ehre oder Erfolg, um Macht oder Ansehen kämpfen.

*Andreas:* Und wurde er angegriffen oder verachtet, so

gab ihm seine Verwurzelung in Gott eine unglaubliche Freiheit. Er musste nicht Gleiches mit Gleichem vergelten. Er konnte sogar jene respektieren, die ihn hassten. Und für sie beten.

*Melanie:* Das ist natürlich ein hoher Anspruch. Fast irreal.

*Andreas:* Ich bin in den letzten Jahren Menschen begegnet, die dies sehr konkret leben: Christen aus dem Orient, die Fürchterliches erlitten haben – Vertreibung, Erniedrigung, Gewalt. Trotz allem haben sie sich eine Haltung des inneren Friedens bewahrt. Und das in einer Umgebung, in der so viel Hass gesät und Rache gepredigt wurde.

*Melanie:* Wie erklärst du dir das?

*Andreas:* Ich kann nur wiedergeben, was sie mir erzählt haben: Für sie als Christen kommt Hass nicht infrage. Sie zitieren das Evangelium, dass die Jünger Jesu auch ihre Feinde lieben sollen. Ich weiß nicht, ob ich in der Lage wäre, derart friedliebend zu bleiben, wenn mir so Schlimmes angetan worden wäre. Umso mehr staune ich über die Größe der Menschen, die vergeben und für ihre Feinde beten.

*Melanie:* Aber es gibt doch auch das Recht zur Selbstverteidigung!

*Andreas:* Das stellt niemand in Abrede. Wenn jemand

einen Angreifer abwehrt, um etwa sich, seine Familie oder Nachbarn zu schützen, dann ist das absolut richtig. Wenn jedoch jemand bereit ist, Unrecht zu erleiden, ohne die Gewalt mit Gegengewalt zu erwidern, dann drückt sich für mich darin ein Wille zu Versöhnung und Frieden aus, der über unsere normale Logik hinausgeht. Es öffnet sich ein Fenster zu einer anderen Wirklichkeit: Wir sehen schon etwas von der neuen Welt Gottes, die mit Jesus begonnen hat.

## 11.
# Kreuz und Leid

*Ein vierjähriges Mädchen rennt ans Meer und schreit mit ganzer Kraft: »Ich hasse dich, Meer, weil du mir meine Mama weggenommen hast!« – Diese erschütternde Szene ereignete sich 2004, wenige Tage nach dem Tsunami in Sri Lanka. In ihr verdichtet sich, was wir Menschen immer wieder erfahren müssen: dass eine übermächtige Natur oder heimtückische Krankheit unser Leben bedroht und vernichtet. Dass ungerechte Gesellschaftsstrukturen zur Unterdrückung führen, Kriege unendliches Leid mit sich bringen oder uns ein anderer Mensch bis über die Schmerzgrenze hinaus demütigt und verletzt.*

Seit Menschen leben, fragen sie: »Warum müssen wir leiden?« Glaubenden Menschen stellt sich diese Frage in besonderer Schärfe. Denn wenn ein guter Gott diese Welt verantwortet, warum hat er dann dem Menschen ein derart hartes und böses Los zugedacht?! Seit jeher versuchen Religionen, Menschen dabei zu helfen, ihr Leiden zu deuten und es zu bewältigen.

## Der Sinn von Leid im Koran

Der Koran predigt die bedingungslose Hingabe an Gott. Er geht davon aus, dass sowohl das Gute als auch das erlittene Negative zur Bestimmung durch Gott gehören. Den Sinn von Leid und Not sieht er darin, dass Gott den Menschen läutert und prüft. Unglück gilt dem Koran entweder als *Strafe* für begangene Schuld oder als *Prüfung,* durch die sich die Hingabe an Gott bewähren soll. Das Leid soll geduldig ertragen werden. Diese Empfehlung des Koran entspringt dem Vertrauen, dass Gott stets zum Besten des Menschen handelt und dass er im Jenseits alles unverschuldete Leiden im Übermaß ausgleichen wird.

Anders als das Judentum und das Christentum kennt der Koran keinen anklagenden Protest gegenüber Gott. Der Mensch als Diener Gottes hat kein Recht, die Entscheidungen seines Herrn zu hinterfragen. Dies zeigt auch die unterschiedliche Darstellung der Gestalt von Hiob in Bibel und Koran: Der biblische Hiob lehnt sich gegen sein Schicksal auf und fordert von Gott Rechenschaft. Der Hiob des Koran hingegen fügt sich mit Geduld und Gottvertrauen in sein Schicksal. Gerade darin erweist er sich als wahrer Muslim, als einer, der sich Gottes Willen völlig unter-

wirft. Hiob gilt dem Koran als Vorbild des leidgeplag-
ten Menschen, der das von Gott Verfügte gläubig an-
nimmt und sich demütig fügt: »So Gott will!« (In-
sha'allah) Zugleich fordert der Koran auf, Leiden zu
lindern, wo immer es möglich ist, und leidenden
Glaubensgenossen solidarisch beizustehen.

## Leid und Klage in der Bibel

Auch in der Bibel wird Leid als Strafe und als Prüfung gedeutet. Doch anders als im Koran wird der
Strafgedanke bereits in biblischen Schriften selbst radikal infrage gestellt. Ebenso stößt die Annahme,
dass Leid eine Bewährungsprobe des Glaubens sei,
auf Widerspruch. Beispielhaft dafür steht die biblische Figur des Hiob. Hiob verwirft die klassischen
Antworten auf die Frage nach dem Sinn des Leidens.
Er fügt sich nicht demütig in sein Schicksal, sondern
rebelliert. Und genau diese Haltung findet bei Gott
Verständnis und Billigung. Damit wird dem gläubigen Menschen zugestanden, seine Fragen angesichts
des Leidens klagend hinauszuschreien und Gott
selbst anzuklagen.
Vielleicht fragen sich nun manche: Bedeutet ein solches Verhalten nicht, dass es mir an Ehrfurcht gegen-

über Gott fehlt und ich meinen Glauben über Bord werfe? Im Gegenteil! Gott hat uns aufgefordert, groß vom Menschen zu denken. Wir dürfen uns als Töchter und Söhne Gottes fühlen! Je mehr wir Gott Glauben schenken, umso skandalöser wird alles, was den Menschen kleinmacht und zerstört. Wie zur Zeit des Hiob schreien auch heute zahlreiche Menschen – Ausgegrenzte in ihrem Hunger und ihrer Würdelosigkeit, vergeblich Hoffende und Kämpfende: »Gott, wo bist du? Erweise dich als Gott!« Klage ich vor Gott, so nehme ich ihn beim Wort, dass er es gut mit dem Menschen meint. Anders gesagt: Ich hoffe auf ein mitfühlendes und rettendes göttliches Du.

Hiob bleibt nicht auf Dauer in seinem Klagen und Hadern stecken, sondern findet durch seinen Protest hindurch: Am Ende seines Ringens nimmt er sein unabänderliches und unbegreifliches Leiden an. Er legt sich ganz und gar in Gottes Hand.

In der Beziehung zu Gott haben alle menschlichen Gefühle und Regungen, einschließlich Zweifel und Protest, ihren Platz. Der Glaube ermutigt uns, vor »dunklen« Empfindungen nicht davonzulaufen, sondern sie vor Gott zur Sprache zu bringen. Ein sprechendes Beispiel dafür sind die Psalmen.

Die Bibel berichtet von vielen Menschen, die Gott

in dieser Weise zum Handeln auffordern *und* die sich ihm anvertrauen. Auch Jesus ringt angesichts seines nahen Todes mit Gott. Er will nicht leiden. Doch nach innerem Kampf fügt er sich in sein Schicksal – in der Hoffnung, dass Gott alles zum Guten wenden kann. Die Erzählungen vom Leiden, Sterben und Auferstehen Jesu haben für Christen eine zentrale Bedeutung. Denn im Schicksal Jesu geht Gott mit einem Menschen durch die dunkle Nacht des Leidens und schenkt ihm einen neuen Morgen. An dieser Stelle jedoch erhebt der Islam mehrfach Einspruch.

### Der Kreuzestod Jesu im Islam

Erstens: Laut dem Koran und der islamischen Lehre wurde Jesus nicht gekreuzigt. Vielmehr habe Gott ihn aus der Gewalt seiner Feinde gerettet und direkt zu sich in den Himmel aufgenommen. Bei dem biblischen Bericht über die Kreuzigung Jesu handelt es sich aus der Sicht des Koran um eine Verwechslung: Nicht Jesus, sondern ein anderer ist an seiner Stelle gekreuzigt worden. Denn Gott kann es nicht zulassen, dass einer seiner Propheten einen derart brutalen und ehrlosen Tod erleiden muss. Nach der Lehre des Koran ist die Kreuzigung als eine mögliche Strafe für diejenigen vorgesehen, die gegen Gott und seinen Propheten streiten. Die Rettung Jesu durch ein Wunder soll also Gottes gütige Sorge für seine Gesandten verdeutlichen.

Ein zweiter Einspruch richtet sich gegen die christliche Überzeugung, dass das Sterben Jesu dem Menschen Erlösung gebracht hat. Der Islam betont: Gott ist gütig und reich an Vergebung. Weder kann der Tod einer unschuldigen Person die Sünden anderer wegwischen, noch macht Gott seine Vergebung von einem solchen Opfer abhängig.

### Der Kreuzestod Jesu im Christentum

Es gilt als geschichtlich sicher, dass Jesus gekreuzigt wurde. Aber warum hat Gott den Tod Jesu am Kreuz zugelassen? Und welche Bedeutung kommt aus christlicher Sicht dem Leiden und Sterben Jesu zu? Im Lauf der Geschichte kam es zu manchen fragwürdigen Antworten und ungesunden Frömmigkeitsformen, die teilweise bis heute nachwirken.

Zuallererst: Das *ganze* Leben Jesu schenkt Befreiung und Heilung. Jesus lehnt die Vorstellung ab, dass Leiden eine Strafe sei. Indem er kranke Menschen im Namen Gottes heilt, macht er deutlich, dass Gott das

Leiden überwinden will. Mit Haut und Haar steht er dafür ein, dass jeder Einzelne bedingungslos geliebt ist. Er vermittelt den Menschen das Vertrauen, dass Gott ihre Sünden vergeben hat, und stellt damit alle Versuche infrage, sich Gottes Barmherzigkeit durch Riten oder eigene Leistung zu erarbeiten. Und er tritt für eine Weltordnung ein, in der Gerechtigkeit und Ehrlichkeit den Ton angeben. All dies muss zu einem Zusammenstoß mit den religiösen und politischen Machthabern führen! *Der gewaltsame Tod Jesu ist also eine innere Konsequenz seines Lebens.*

Am Kreuz kann Jesus die ihm vertraute Nähe seines »Abba« nicht mehr spüren. Er muss erfahren, dass dieser Gott, der sich jedem in Barmherzigkeit zuneigt, ihn in der äußersten Stunde seines Todes alleine lässt. »Mein Gott, mein Gott, warum hast du mich verlassen?« (Mk 15,34), schreit er verzweifelt auf. Und dennoch: Mag die Situation noch so schrecklich sein, mag es so aussehen, als ob der Hass und die Gewalt am Ende überhandnehmen – Jesus bleibt Gott und seinen Mitmenschen verbunden. Er betet für seine Henker. Er bleibt der Liebe, aus der er lebt, treu. Er glaubt ins Dunkle der Gottverlassenheit hinein. Und Jesu Hoffnung behält recht: Gottes Liebe überwindet sogar den Tod!

*Allein die Auferweckung verleiht dem Tod Jesu eine befreiende Bedeutung.* In ihr »beglaubigt« Gott die Botschaft Jesu von der bedingungslosen göttlichen Liebe. So wird das Kreuz als Produkt grausamer menschlicher Fantasie zum Zeichen, dass Gottes fantastische Liebe noch weiterreicht: Gott lässt nicht zu, dass Jesus sinnlos gestorben ist. Er kann nicht schweigen, wenn der Gerechte einem Justizmord zum Opfer fällt. Oder wenn die Wahrheit verdreht wird und die Lüge sich durchsetzt. Gott steht dafür ein, dass Liebe und Versöhnung das letzte Wort haben – und das über den Tod hinaus.

Hier wird jede Ambivalenz des Gottesbildes endgültig überwunden! Gott hat weder den Tod seines Sohnes gewollt, noch braucht er Opfer, um gnädig gestimmt zu werden. Er ist auch kein willkürlicher Herrscher oder kleinkarierter Gesetzgeber. Der Mensch braucht sich daher nicht ängstlich zu sorgen, ob Gott ihm zugewandt und gnädig ist. Im Leben, Sterben und Auferstehen Jesu offenbart sich die erlösende Nähe Gottes. Gott erweist sich als Liebe ohne Bedingungen, als Zuwendung ohne Berechnung, als Güte ohne Hintergedanken. »Gott ist Licht, reines Licht. Bei ihm gibt es keine Spur von Finsternis.« (1 Joh 1,5) Der Mensch braucht sich nur in dieses göttliche Licht zu stellen.

Die Passion Jesu stellt die Deutung infrage, dass Leiden eine göttliche Prüfung des Glaubens oder eine Bestrafung des Sünders sei. Gott will kein Leid über den Menschen bringen! Er will nichts als das umfassende Heil jedes Menschen und aller Menschen!

### *Auf Gott vertrauen und in seinem Sinne handeln*

Ein realistischer Blick zeigt: Viel Unglück und Not geht auf uns Menschen selbst zurück, auf Egoismus und Gewalt, auf die rücksichtslose Ausbeutung der Natur, auf ungerechte Strukturen, auf … Für dieses schuldhafte Ergebnis seines Handelns trägt der Mensch selbst Verantwortung. Und manches Leid gehört zu unserem Leben einfach dazu.

Warum das Leiden in unsere Welt kam, bleibt letztlich eine offene Frage. Der Glaube an die Auferstehung hilft nicht, das Leiden zu *verstehen*. Er kann indessen einen Weg eröffnen, es hier und heute zu *bestehen*. Der Glaube eröffnet keinen Weg am Leid vorbei, wohl aber einen Weg durch das Leid hindurch. Als Christen hoffen wir auf die leise Gegenwart Gottes. Wir vertrauen, dass uns nichts und niemand von der Liebe Gottes trennen kann (vgl. Röm 8,38 f.). Wie Jesus können wir unserer Verzweiflung und Wut vor Gott Raum geben. Im Blick auf den Auferstandenen können wir uns wie Jesus betend Gott anvertrauen: »Nicht mein Wille geschehe, sondern der deine.« Und manchmal stellt sich dann ein Frieden ein, der alles Begreifen übersteigt.

Zugleich verpflichtet uns die Vaterunser-Bitte »Dein Wille geschehe«, dass wir uns die Hoffnungen Gottes für diese Welt zu eigen machen. Wir sollen die Not von anderen lindern und für eine gerechtere Welt kämpfen. Der christliche Zugang zum Leid ist also letztlich kein intellektueller, sondern ein praktischer. Nicht von ungefähr waren Christen Pioniere bei der Gründung der ersten Armen- und Krankenhäuser oder von Hospizen für Sterbende. Die entscheidende Frage lautet für Christinnen und Christen nicht: »Woher kommt das Leid?«, sondern: »Wie lindere ich es?« Und schließlich: »Wohin führt es?« Der Glaube lebt von der Hoffnung, dass in Gottes neuer Welt das Leiden für immer überwunden sein wird. Alle Tränen werden abgewischt, und es wird keinen Schmerz und Tod mehr geben (vgl. Offb 21,4). Diese Hoffnung motiviert und verpflichtet zum konkreten Handeln hier und jetzt.

*Melanie:* »Warum muss ich leiden?« Diese bohrende Frage wird mir oft gestellt. Was sagst du in solchen Momenten?

*Andreas:* Ich erinnere mich, dass ich als junger Priester zu einer Familie gerufen worden bin. Der jüngste Sohn, 8 Jahre alt, war ertrunken in einem Baggersee gefunden worden. Die Familie saß um den Küchentisch, stumm und wie erstarrt. Die Mutter weinte leise. Ich setzte mich dazu, ohne ein Wort zu sprechen, spürte den tiefen Schmerz dieser Leute und blieb eine Zeit lang bei ihnen. Irgendwann verabschiedete ich mich, wieder ohne Worte. Der Vater umarmte mich lange, und das ging mir sehr unter die Haut.

*Melanie:* Ich kenne ähnliche Situationen, in denen jedes Wort falsch oder zu viel gewesen wäre.

*Andreas:* In solchen Augenblicken hilft mir das Bild, wie Maria, die Mutter Jesu, und sein Schüler Johannes unter dem Kreuz stehen. Sie können Jesus nicht mehr helfen. Dennoch bleiben sie bei ihm. Auf vielen Darstellungen sieht man, wie sie sich gegenseitig stützen. Angesichts von so fürchterlichem Schmerz gibt es keine Worte und schon gar keine Erklärungen über einen mutmaßlichen »Sinn des Leidens«. Es bleibt aber die Liebe: Ich kann versuchen, dem Leidenden meine Nähe, meine Treue, mein Mitfühlen zu zeigen.

*Melanie:* Früher habe ich über solche Begegnungen gesagt: »Ich konnte nichts tun, sondern nur dabei sein.« Inzwischen frage ich mich, ob dieses »nur« stimmt. Denn ähnlich schmerzhaft wie ein schwerer Schicksalsschlag wiegt das schreckliche Gefühl, allein zu sein. »Ich bin da. Ich lasse dich nicht allein in deinem Elend«, das gehört zum Wichtigsten, was ich jemandem geben kann! Und ich glaube, dass in dieser unaufdringlichen, mitfühlenden Präsenz etwas lebendig wird von jenem Gott, der in der Bibel den Namen trägt: »Ich bin da, wo du bist.«

*Andreas:* Ich bin dankbar, dass ich in schweren Zeiten etwas von dieser leisen Nähe Gottes erahnen konnte. Oft waren es Menschen, die mich das spüren ließen durch ihr Dasein, ihr Mitfühlen, ihre Verbundenheit.

*Melanie:* Was für ein Geschenk, um solche Menschen im eigenen Leben zu wissen! Ich kenne allerdings auch Situationen, die mich laut aufschreien lassen. Wenn Angst, Protest und Verzweiflung sich die Bahn brechen. Wenn meine Hoffnung zu versanden droht.

*Andreas:* Und dann?

*Melanie:* Ich rufe mir oft ein Gedicht von Hilde Domin in Erinnerung, in dem es heißt: »Nicht müde werden, sondern dem Wunder, leise wie einem Vogel, die

Hand hinhalten.« Diese Worte wirken wie ein Hoffnungsanker.

*Andreas:* Wenn mir angesichts von Schmerz oder Ohnmacht die Worte fehlen, dann helfen mir die Psalmen der Bibel weiter. Sie bestärken mich, offen und ehrlich zu Gott zu beten. Ich muss aus meinem Herzen keine Mördergrube machen, sondern kann alles vor Gott bringen. Damit meine ich keine billige Vertröstung, denn Leiden und Schmerz werden ja gerade nicht übertüncht oder beiseitegeschoben. Im Gegenteil: Sie haben Platz. Und manchmal spüre ich, dass das Dunkle dadurch heller wird.

*Melanie:* Mein Lieblingsgebet in solchen Situationen hat nur zwei Worte: »Ach ja!« Im »Ach« klage ich über Angst, Unrecht und menschliche Abgründe. Und im »Ja« stammle ich: Es ist, wie es ist. Dir, Gott, halte ich es hin – in der Hoffnung auf eine andere, eine bessere Zukunft, in der das Leid nicht das letzte Wort hat. In der Hoffnung, dass meine Klage und die Klage so vieler ein rettendes Du erreichen.

## 12.
# Die Vollendung der Welt

*In dem vielfach preisgekrönten Film »Sophie Scholl – Die letzten Tage« wird die Geschichte der Studentin Sophie Scholl und ihres Bruders Hans erzählt. Sie haben sich am Widerstand gegen Adolf Hitler beteiligt und sind verhaftet worden. Der Gestapo-Beamte Robert Mohr verhört Sophie und wirft ihr vor, sie habe gegen das Gesetz verstoßen. Aus ihrem christlichen Glauben heraus antwortet sie: »Es gibt noch eine andere Gerechtigkeit!«*

Die menschliche Geschichte entwickelt sich nicht von selbst in Richtung einer größeren Gerechtigkeit. Im Gegenteil: Das anständige Verhalten im Kleinen wie der heldenmütige Widerstand gegen Diktaturen werden meist nicht belohnt. Angesichts dessen gibt es eine gute oder eine schlechte Nachricht. Die schlechte wäre: Die menschliche Justiz ist die letzte Instanz. Die offenen Rechnungen, die schuldige Tat und das unschuldige Leiden bleiben für alle Ewigkeit zementiert. Und wer sein Leben im Kampf für Freiheit und Gerechtigkeit verloren hat, bleibt für immer ein *Loser*.

Dagegen steht Jesu gute Nachricht vom Gericht Gottes. Er stellt in Aussicht, dass die Sehnsucht des Menschen nach einer letzten und endgültigen Gerechtigkeit keine leere Hoffnung bleibt. Dies ist eine Frohbotschaft insbesondere für alle Benachteiligten und An-den-Rand-Gedrängten, aber auch für jene, die sich für eine gerechtere Welt einsetzen und oft auf verlorenem Posten kämpfen.

Koran und Bibel stimmen darin überein: Am Ende der Zeit wird der Mensch nach seinen Werken beurteilt – und besonders daran gemessen, wie er sich gegenüber Notleidenden verhalten hat. Der Respekt gegenüber Gott beginnt mit dem Respekt gegenüber dem Menschen. So finden Christen und Muslime in ihrem Einsatz für eine gerechtere Welt eine tiefe Gemeinsamkeit.

Die Botschaft vom göttlichen Gericht ist freilich in Misskredit geraten. Denn oft mussten Himmel und Hölle als Druckmittel herhalten. Gerade bei der Rede vom Ende der Welt steht das Gottesbild auf dem Prüfstand. Am Gottesbild entscheidet sich, ob Aussagen über das Gericht Angst schüren oder Hoffnung wecken.

## *Islam: Gerechtigkeit und Jüngstes Gericht*

In der Mitte des Islam steht der Glaube an den *einen* Gott. Dieser soll sich im konkreten Leben bewahrheiten. Der Koran verpflichtet den Muslim, sich für Gerechtigkeit einzusetzen. In Mekka stellte sich Mohammed an die Seite der Armen und kämpfte gegen ihre Unterdrückung. Seine Verkündigung des Letzten Gerichts sollte die Reichen vor der Strafe warnen, die sie erwartet, wenn sie sich nicht bessern. Der Glaube, dass den Ungerechten die Hölle droht und den Gerechten die Freuden des Paradieses winken, soll die Muslime anspornen, sich für Gerechtigkeit einzusetzen. Nach ihrer Überzeugung kann sich jeder Mensch durch das Einhalten der Gesetze die Belohnung Gottes erwerben. Und jeder wird am Ende für seine Taten zur Rechenschaft gezogen: Die guten und die bösen Taten werden gegeneinander aufgerechnet.

Nach traditioneller islamischer Lesart bleiben der Glaube an den *einen* Gott und das Bekenntnis zu Mohammed als seinem Gesandten Voraussetzung für die Aufnahme ins Paradies. Folglich können allein Muslime ins Paradies gelangen, während dieses den »Ungläubigen« prinzipiell verschlossen bleibt.

Nach der Lehre des Koran werden diejenigen, die beim Dschihad für die Sache Gottes im Krieg gefallen sind, unmittelbar ins Paradies aufgenommen.

### Gerechtigkeit und Gericht im Christentum

Jesus war von einer großen Hoffnung beseelt: Gott wird für Gerechtigkeit und umfassenden Frieden sorgen. Die Begegnung der Jüngerinnen und Jünger mit dem Auferstandenen bestätigte diese Hoffnung. Mit der Auferweckung Jesu wird ein für alle Mal glaubhaft: Leben und Liebe sind stärker als Tod und Gewalt. Der heimliche Verdacht, dass die Ehrlichen am Ende die Dummen sind, weil die Betrüger immer obenauf schwimmen, wird entkräftet. Durch die Auferstehung Jesu können alle Menschen auf ein Leben jenseits der Todesschwelle hoffen.

Diese Hoffnung stellt keineswegs eine Jenseitsvertröstung dar, wie es leider oft missverstanden wurde. Im Gegenteil: Diese Hoffnung verändert die Gegenwart! Sie kann und soll mich *jetzt* in meinem Handeln leiten. Jesus sagt klipp und klar, worauf es letzten Endes – im Gericht – ankommt: Der Mensch wird nicht gefragt, welche Glaubenssätze er im Kopf, sondern ob er für andere ein Herz hatte. Wer sich von der Not eines Bedürftigen hat anrühren lassen, ist Christus selbst begegnet: »Was ihr für einen meiner geringsten Brüder und Schwestern getan habt, das habt ihr für mich getan.« (vgl. Mt 25,40) Gott selbst bürgt dafür: Alles, was aus Achtung des anderen geschieht, trägt die Spuren einer Zukunft in sich, die nicht mehr vergeht. Jede Hingabe und jeder Einsatz für das Gute haben einen bleibenden Wert.

Jesus wurde von den Mächtigen getötet, weil er die »Sünde der Welt« (Joh 1,29) aufdeckte und die gängige Ordnung infrage stellte. Ihm nachzufolgen bedeutet, dass ich mich immer wieder neu *für* die Macht der Liebe und *gegen* alle anderen Mächte der Welt entscheide. Das heißt zuallererst: Ich weiß um Geiz, Hass, Gewalt und Neid in mir selbst. Und ich sehe der Tatsache ins Auge, dass es Mechanismen des Bösen gibt, gegen die ich allein nicht ankomme. Im Vertrauen darauf, dass Gott mein Leben wie auch die ganze Welt zu einem guten Ende führen wird, kann ich mich für das konkrete Gute entscheiden.

Der Einsatz für eine gerechtere Welt gehört von Anfang an zu den Grundsätzen des Christentums: nämlich Partei zu ergreifen für Benachteiligte und Ausgebeutete. Die ersten Christen bauten ein Hilfsprogramm für die Armen auf, das im Römischen

Reich Bewunderung hervorrief. Der Einsatz für Versöhnung und Frieden wurde dem Christentum durch Predigt und Vorbild Jesu zu Vermächtnis und bleibender Verpflichtung. Caritas und Diakonie wie auch das spontane und persönliche Handeln vieler Einzelner bezeugen bis heute das Zentrum des Christentums: die gelebte Nächstenliebe und der Einsatz für eine menschlichere Welt.

*Das Gericht Gottes*

Jesus schloss niemanden von seiner Liebe aus und ermöglichte so allen den Weg zu Gott und zueinander. Er stand dafür ein: Gott will das Heil *aller* Menschen! Daher hoffen Christen, dass jeder Mensch und die Menschheit als ganze in Gott Glück und Vollendung finden werden. In christlicher Sicht liegt das Ziel des göttlichen Gerichtes also nicht darin, mit dem Menschen abzurechnen, sondern ihn zu retten und aufzurichten.

Bei der Rede vom letzten Gericht handelt es sich um ein Bild, das auf die endgültige Begegnung des Menschen mit Gott hinweist: Sterbend gehen dem Menschen die Augen auf für Gott, der reine Liebe ist. Ein beglückender und ein beschämender AugenBlick zugleich. In diesem Licht erkennt der Mensch die ganze Wahrheit seines Lebens – seine Größe und Armseligkeit, seine Licht- und Schattenseiten. Und jeder Mensch sieht mit neuen Augen auch die anderen, die an ihm schuldig geworden sind. Täter und Opfer erkennen, was sie einander angetan haben, jedoch auch, wie weit sie jeweils selbst Opfer von Unfreiheit, Geschichte oder Manipulation gewesen sind.

Versöhnung kann in dem Maß gelingen, wie Täter ihre Schuld bereuen und Opfer ihren Tätern vergeben. Wenn dies dem Menschen – von der Liebe Gottes ergriffen – mit letzter Konsequenz möglich wird, beginnt der »Himmel«, das »Paradies«: Jene Welt, in der das Unrecht der Geschichte wiedergutgemacht wurde und die Wunden des Lebens für immer heil geworden sind. Das Leben bei und in Gott wird sein wie ein Fest ohne Ende.

*Andreas:* Wenn ich auf die letzten Jahre zurück-
schaue, dann merke ich, dass sich mein Lebensgefühl
verändert hat. Ich will nicht sagen, dass ich pessimis-
tischer geworden bin, doch ich nehme die Brüchig-
keit unserer Welt viel stärker wahr. Ich erinnere mich
an die Hochstimmung nach dem Fall der Berliner
Mauer und die große Hoffnung, dass die Menschheit
ihre drängenden Probleme nun endlich anpackt. Aber
immer noch gibt es so viele ungelöste Konflikte und
mörderische Kriege. Und unaufhaltsam zerstören wir
die Grundlagen unseres Lebens, indem wir unseren
Planeten gnadenlos ausbeuten.

*Melanie:* Wie gehst du damit um?

*Andreas:* Der Glaube an die Auferstehung Jesu spielt
für mich eine immer größere Rolle. Darin liegt das innere Feuer meines Glaubens: Jesus hat so viel Hoffnung gesät. Doch seine Gegner haben ihn unter die
Erde gebracht. Gott aber ließ die Hoffnung nicht er-
sticken und schenkte Jesus neues Leben. Und damit
wurde auch seine Botschaft bestätigt: dass die Liebe
stärker ist als der Tod.

*Melanie:* Auch mir stellt sich oft die Frage, worauf ich
hoffen kann. Vor allem, wenn ich das Leid anderer
Menschen miterlebe. Ich habe darauf keine glatte,
fertige Antwort. Eher kann ich auf ein Licht hinwei-

sen, das mir hilft, durch Dunkles zu gehen, und das einen neuen Morgen verspricht.

Es berührt mich, wenn ich bei Freunden erlebe, wie sie ihre Kinder trösten. Sie nehmen ihr Kind, wenn es weint, in den Arm und flüstern: »Es wird alles gut.« Eigentlich eine unglaubliche Aussage! Und trotzdem ist sie kein billiger Trost, sondern ein Grundvertrauen meldet sich darin zu Wort: Alles wird gut. Dieser Hoffnung kann ich als Christin einen Namen geben: Alles wird gut, weil Gott gut ist. Er wird es richten. Daher hoffe ich, dass Schmerz und Leid in einem Größeren aufgehoben sein werden. Und ich vertraue, dass Gott auch die Bruchstücke meines Lebens zu einem Ganzen werden lässt.

*Andreas:* Mir lässt vor allem der Gedanke an die Ungerechtigkeit keine Ruhe. Ich kann und will mich nicht damit abfinden, dass Profitgier und Geld die Welt regieren.

Diese innere Unruhe treibt mich an, mich an vielen Stellen zu engagieren. Sie lässt mich nach vorne schauen und auf eine Zukunft hoffen, in der es gerechter zugehen wird. Eine solche Zukunft ist nicht »zu machen«, sondern kann nur von jenem Gott auf uns zukommen, der die Welt erschaffen und weiter im Blick hat.

*Melanie:* Darauf hoffe auch ich! Und wenn es Gott ist, der unsere Geschichte am Ende auch vollenden wird, dann entlastet mich das und nimmt mich gleichermaßen angemessen in die Pflicht. Ich muss nicht resigniert den Kopf in den Sand stecken. Umgekehrt brauche ich auch nicht verbissen dafür zu kämpfen, dass diese Welt in ein Paradies verwandelt wird. Mein Glaube an eine von Gott geschenkte Zukunft macht mich frei, das mir Mögliche entschieden und gelassen zugleich zu tun.

Aber wie erlebst du es, wenn dein Engagement für Menschen ins Leere zu laufen scheint und du dich vergeblich abmühst?

*Andreas:* Das Gefühl der Ohnmacht ist bisweilen fürchterlich! Doch auch das mögliche Scheitern meines Einsatzes ist noch nicht das letzte Wort über meine Geschichte. Wo ich an Grenzen komme – und selbst in meinem Tod –, ist Gott noch nicht am Ende. Ich habe einen sehr guten Freund verloren, der durch eine heimtückische Krankheit früh sterben musste. Ich habe darunter sehr gelitten. Unsere gemeinsame Geschichte hätte noch so viel Zukunft gehabt. Der Tod dieses Menschen hat alles durchgestrichen. In mir lebt freilich eine Hoffnung, dass unser gemeinsamer Weg noch nicht zu Ende ist.

*Melanie:* Ich denke an den Tod meines Vaters. Mein Vater hat gerne gelebt und viel bewirkt. Als seine Kräfte abnahmen und sein Lebensradius immer enger wurde, kristallisierte sich die Mitte seines Lebens umso deutlicher heraus: Was am Abend unseres Lebens zählt und was bleibt, ist, was wir an Liebe geschenkt und empfangen haben. Mein Vater konnte – durch dunkle Täler hindurch – dankbar und versöhnt auf seine Geschichte zurückschauen. Und er konnte von uns Abschied nehmen und sich selbst loslassen im Sinne des »À-Dieu«, des »Zu-Gott«. In dieser Hoffnung ist mein Vater gestorben. Ein solches Sterben ist ein Ankommen.

# Anhang

# Literatur (Auswahl)

Das alttestamentliche Bibelzitat ist der Übersetzung *Hoffnung für alle* entnommen, Copyright © 1983, 1996, 2002, 2015 by Biblica, Inc.®.

Verwendet mit freundlicher Genehmigung des Herausgebers Fontis.

Die neutestamentlichen Bibelzitate sind entnommen aus: *Das Neue Testament. Eine Übersetzung, die unsere Sprache spricht* © 2005 by Albert Kammermayer. Alle Rechte weltweit vorbehalten. Abdruck mit freundlicher Genehmigung.

*Der Koran: Arabisch – Deutsch, übersetzt und kommentiert von Adel Theodor Khoury,* Gütersloher Verlagshaus 2004.

Reihe: *Theologisches Forum Christentum – Islam,* Verlag Friedrich Pustet.

Andreas Knapp/Melanie Wolfers: *Glaube, der nach Freiheit schmeckt,* 4. Auflage, Herder 2017.

Christian W. Troll: Muslime fragen, Christen antworten, 3. Auflage, Topos plus 2015.

Inken Wöhlbrand/Martin Affolderbach (Hrsg.): Was jeder vom Islam wissen muss, Gütersloher Verlagshaus 2011.

Für weitergehende Fragen zum Verhältnis »Christentum – Islam« verweisen wir auf die Homepage von CIBEDO, der Christlich-Islamischen Begegnungs- und Dokumentationsstelle (www.cibedo.de).

# Danksagung

Für viele hilfreiche Hinweise und kritische Anmerkungen danken wir Dr. Friederike Dostal, Prof. Dr. Johannes Herzgesell SJ, Dr. Nora Kalbarczyk, Bischof Dr. Manfred Scheuer und Prof. Dr. Tobias Specker SJ. Ebenso danken wir Stefan Wiesner, dem Verlagsleiter von *bene!,* für die vertrauensvolle und anregende Zusammenarbeit.

# »Ich habe einen Traum ...«

Margot Käßmann schreibt über ihr großes Vorbild
Martin Luther King, der 1964 den Friedensnobelpreis
erhielt. In vielen Textauszügen lässt sie Kings Botschaft
für heute lebendig werden – und ist sich sicher:
»Ganz anders könnten wir leben!«

Margot Käßmann

**Ganz anders könnten
wir leben**
Warum Martin Luther King
mein großes Vorbild ist

96 Seiten · Hardcover mit Schutzumschlag
ISBN 978-3-96340-002-5
€ [D] 12,99 · € [A] 13,40

Originalausgabe Februar 2018
© 2018 bene! Verlag
Ein Imprint der Verlagsgruppe
Droemer Knaur GmbH & Co. KG, München.

Lektorat: Stefan Wiesner
Satz: Adobe InDesign im Verlag
Druck und Bindung: CPI books GmbH, Leck
ISBN 978-3-96340-004-9


2   4   5   3   1